MW01157185

教材项目规划小组
Teaching Material Project Planning Group

严美华 　　姜明宝 　　王立峰

田小刚 　　崔邦焱 　　俞晓敏

赵国成 　　宋永波 　　郭　鹏

加拿大方咨询小组
Canadian Consulting Group

Dr. Robert Shanmu Chen

Mr. Zheng Zhining

University of British Columbia

Dr. Helen Wu

University of Toronto

Mr. Wang Renzhong

McGill University

北京市高等教育精品教材　　　　中国国家汉办规划教材

NEW PRACTICAL CHINESE READER

(2nd Edition)

2

新实用汉语课本

刘珣 主编

教师用书
INSTRUCTOR'S MANUAL

英文注释
Annotated in English

编　者：张　凯　刘社会　陈　曦
　　　　左珊丹　施家炜　刘　珣
英译审订：Jerry Schmidt　余心乐

北京语言大学出版社
BEIJING LANGUAGE AND CULTURE
UNIVERSITY PRESS

（第2版）

图书在版编目(CIP)数据

新实用汉语课本教师用书：英文注释.2 / 刘珣主编.
—2 版. —北京：北京语言大学出版社，2013 重印
ISBN 978-7-5619-2894-3

Ⅰ. 新…　Ⅱ. 刘…　Ⅲ. 汉语－对外汉语教学－教学参考资料
Ⅳ. H195.4

中国版本图书馆 CIP 数据核字（2010）第 197752 号

书　　　名：新实用汉语课本（第 2 版　英文注释）教师用书 2
中文编辑：王亚莉
英文编辑：侯晓娟
责任印制：汪学发

出版发行：北京语言大学出版社
社　　　址：北京市海淀区学院路 15 号　　邮政编码：100083
网　　　址：www. blcup. com
电　　　话：国内发行　8610-82303648/3650/3651
　　　　　　海外发行　8610-82300361/3080/3365
　　　　　　编辑部　8610-82303647/3592/3395
　　　　　　读者服务部　8610-82303653/3908
　　　　　　网上订购电话　8610-82303668
　　　　　　客户服务信箱　service@ blcup. com
印　　　刷：北京联兴盛业印刷股份有限公司
经　　　销：全国新华书店

版　　　次：2010 年 11 月第 2 版　2013 年 4 月第 2 次印刷
开　　　本：880 毫米×1194 毫米　1/16　印张：8.25
字　　　数：164 千字
书　　　号：ISBN 978-7-5619-2894-3/H·10276
　　　　　　03200

凡有印装质量问题，本社负责调换。电话：8610-82303590

她去上海了

第十五课
Lesson
15

一、教学目的

1 掌握本课重点句型和重点词语的用法

（1）情态补语（1）

（2）助词"了②"：肯定事情的完成或实现

（3）动词的重叠

（4）100～10000的称数法

（5）介词"从"

（6）副词"就"（1）

2 掌握本课"打招呼"、"肯定事情已经发生"、"评价动作或行为"等功能项目，能初步就在银行换钱和描述旅游去过的地方等话题进行交际。

3 掌握汉字

（1）会认、会写基本汉字：民、币、千、久、奂、丘、甬、亚、车、重、尤；

（2）会写部件：产、充；

（3）会认、会写课文中的汉字：早、银（行）、排队、换、（英）镑、从、次、（参）观、兵（马）俑、（明）信（片）、（工作人）员、王（府）井、（西）安、（发）展、（普通）话、（年）轻、流利、懂、就。

二、教学步骤建议

1 组织教学

师生问候，检查学生出勤情况，全班迅速进入学习状态。

2 复习检查

对前一课的生词、句型、功能、课文进行复习检查，巩固所学的内容，解决遗留问题，并进一步提高熟练程度。可采用快速回答、相互问答、复述课文、听写、听述新材料、交际性运用等方式。既可普遍检查，也可重点抽查。

对旧课的复习要引向对新课的准备，做到温故知新，以旧带新。

本步骤也包括对作业或小测验的总结、讲评。讲评内容：肯定成绩，归纳普遍存在的问题，并进行讲练。

本课因是新学期第一课，可以省去"复习检查"这一步骤。

3 新课的准备

（1）处理生词

在上一课已布置预习本课生词的基础上，可通过听写、领读、轮读等方式检查预习的情况并纠正发音。本课因为是本册第一课，如不便检查，可直接用范读、领读、轮读、抽读等方式处理生词。

要注意指出组成生词的语素（汉字）的意义，以帮助学习者理解、记忆生词，体会汉语由字组词的方法，逐步培养猜测新词意义的能力。如本课学习"排队"一词，应介绍"排"与"队"这两个字的意思。同时，要注意扩展词组的练习。如把"排队"扩展成"排队买东西"、"排队买书"、"不用排队"、"排两个队"等，加深对生词意义和用法的理解、记忆，复习旧词语，也为学习句子打好基础。

（2）朗读课文

处理完生词以后，可由教师朗读本课课文或放课文录音1~2遍，学生可以看课文，也可以要求不看课文集中注意力听。目的是让学生了解本课所提供的情景和表达的话题及功能，了解课文全貌，引起兴趣，也能训练他们的听力。这一步也可以放在"5.讲练课文"部分开始时做。

4 重点句型和重点词语的教学

（1）引入

在对本课的重点句型和重点词语逐个进行讲练前，首先要将它们自然地引入（或展示），让学习者获得准确、鲜明的最初印象，帮助学生感知、理解新的语言点。

引入的方法，根据所介绍句型或词语本身的特点而定：

① 可采取以旧带新、从已学过的语法点引向新语法点的方法。如本课在讲练情态补语时，可以从"他每天七点来学院"引到"他来得很早"，从"他昨天写了一百个汉字"引到"他写得很多"，从"他们说普通话"引到"他们（说）普通话说得很好"。

② 可采取利用或设置语境的方法。如本课在讲练"了②"用来肯定事情的完成或实现时，教师可用一名请假未来的学生的名字提出问题"×××在吗？"，学生回答"他

不在"。教师再问"他今天来了吗？"，引导学生回答"他没有来"，追问"他去哪儿了？"，学生回答"他去××了"。教师也可以用图片或幻灯设置情景。

③可采用比较的方法。如本课讲副词"就"表示强调的用法时，可以用一个不在场的学生或老师的名字提出问题"×××是谁？"，学生回答"×××是我的老师"或者"他是我朋友"，然后再用一个在场的学生的名字问他本人"谁是×××？"，学生自然回答"我就是×××"或旁边的学生回答"他就是×××"。

导入新句型或词语时，所用的例句尽量用已学过的旧词而不用本课生词，以免分散学习者对新语言点的注意，增加导入的难度。

（2）练习与运用

在新的句型或词语导入以后，就可以按"练习与运用"中所提供的材料，从机械性地读词组、句型替换开始，一步一步进展到课堂活动、会话练习、看图说话等活用的练习，直到交际性练习。

"练习与运用"中"熟读下列词组"和"会话练习"两部分练习量比较大，教师可根据课时的多少及学习者掌握的情况，酌情选用。

（3）小结

本步骤的最后，在大量练习的基础上教师可画龙点睛地将本课的主要句型和词语用法进行归纳，也可以引导学生自己进行小结，找出规则。教师也可适当强调一下用这些词语或句型需要注意的事项。

这一步也可放在"7.布置作业"部分一开始时进行。

5　讲练课文

重点句型和词语的教学是为课文教学扫清障碍；而课文教学又提供了一定的语境，可以巩固句型和词语的教学，特别是培养连贯表达的交际能力。

首先，教师借助实物、图片或配套DVD以及重点句型和重点词语的板书，逐段叙述课文内容，让学习者理解。

教师就课文内容提问，让学生回答（突出重点句型和词语）。

教师领着说，直到学生能通过一问一答的形式自己进行课文对话。

最后教师带学生朗读课文，提高熟练程度。在带读过程中要注意学生的语音，适当进行提示或纠正。

上述程序，也可以视课文的难度不同而变通。

6　汉字教学

本册仍采取先学基本汉字、后组合成课文中已出现词汇的办法。在学生已掌握第一册汉字的基础上，本册汉字教学，除出现新部件或比较难写的汉字外，不需要在课堂上逐个教写。培养学生按照课本的提示自己认写新汉字的能力。

7　布置作业

按《综合练习册》的内容布置本课口头或笔头作业。本课的最后一课时，还要布置预习下一课的生词，并带读生词。

三、内容说明

1. 本课的第一重点语法是情态补语。汉语语法有丰富的补语系统，本册将陆续介绍其中的七种。由于很多国家的学习者在自己的母语中找不到与汉语的补语相对应的语法成分，补语也就成了学习的难点之一。本教材采取分散难点的做法，本课只介绍情态补语的两种最基本的句型：课文（一）介绍谓语动词不带宾语的情态补语句"他来得真早"，课文（二）介绍动词带宾语的情态补语句"上海人（说）普通话说得很好"。其他句型，像动词短语做情态补语的，本课暂不教，将在第三册介绍。

要注意的是本课介绍的情态补语的第二种句型，即动词带宾语的，一般教材都强调重复动词（如"上海人说普通话说得很好"）。根据句型调查统计，以汉语为母语者平时讲话中用到情态补语时，说两个动词的情况并不多，更多的是省掉前一个动词。因此在本课教学中，重复动词的句式可以适当练一练，但要把练习的重点放在省略前一动词的句式上。

省略前一动词的句式"上海人普通话说得很好"，按语法分析应属于另一种主谓谓语句："上海人"是全句主语（也称大主语），"普通话"是主谓短语中的主语（也称小主语），但它又是受事，与我们在第十二课学过的主谓谓语句（1），即小主语是大主语的一部分，如"我全身都不舒服"或"今天天气冷不冷"不一样。本课先不要向学生说明这一点（主谓谓语句（2）将在第三册介绍）。

课文中出现的"刚才银行人少"、"那儿银行多"和"上海东西贵不贵"都是已学过的主谓谓语句（1），本课重现，可以复习一下。

2. 本课的第二重点语法是"了②"，即语气助词"了"肯定事情的完成和实现。这种句型只是在句尾加上"了"，不像第十三课介绍的动态助词"了"（即"了①"）表示动作的完成或实现，当动词带宾语时需要一定的条件才能成句，所以比较容易掌握。但要让学生注意，并非所有发生在过去的事情都要加这个"了"。另外，这类句子中的宾语不能带表示数量的定语，不能说"昨天我看一个电影了"。

"了②"还有其他用途，如表变化的用法将在第二十四课介绍。

3. 动词重叠，掌握形式不难，主要是让学生了解重叠后的动词所表达的意义。本课尚未出现"A 了 A"或"AB 了 AB"的重叠形式。

4. 100～10000 的称数法，要提醒一下"0"的读法：当一个数中间有空位时，不管空几位都读一个"0"，如 101 读"一百零一"，1001 读"一千零一"。如果某位系数词后都是"0"，则必须读出该系数词和它的位数词，如 1010 读"一千零一十"。但如读号码时（如电话号码、房间号码）则每个"0"都要读出来。

5. 介词"从"对宾语的要求，即不表示地点的名词或代词必须加上"这儿"或"那儿"才能充当"从"的宾语，可以联系第十三课介绍的介词"在"及动词"来"、"去"和"在"对宾语的要求，进行复习。介词"从"的宾语还可以是时间词，本课尚未介绍，到第十七课将出现"从下星期开始"。还应该强调一下：介宾短语一定要放在动词之前做状语。

6. 本课介绍的副词"就"（1）表示强调，至于"就"（2）表示"早"、"快"将在下一课介绍。

7. "该你了"，是第三册要介绍的语气助词"了"表情况的变化（2），这里提前出现，只要求理解其意思，并能整体运用，不必进行讲解、分析。"阿拉勿懂"是上海话，学生有兴趣可用上海方言读。

8. 本课课文内容：课文（一）是林娜准备去上海旅行，她先去银行换钱，跟丁力波谈起刚刚去西安旅行的情况；课文（二）是林娜从上海旅行回来跟马大为谈起对上海的印象。

四、《课本》语法与注释

1　情态补语（1）

汉语动词或形容词后边常常有补充说明的成分，叫补语。补语有很多种。描述或评价动作或行为所达到的状态的补语叫做情态补语，一般由形容词或形容词性短语充当，动词和情态补语之间要用结构助词"得"来连接。其否定形式是将"不"放在情态补语的前边。

V ＋ 得 ＋ Adv ＋ A		
来 得	很	早
住 得	不	好

正反疑问式是并列情态补语的肯定形式和否定形式。

V ＋ 得 ＋ A ＋ 不 A		
玩儿 得	好	不好
发展 得	快	不快

这类句子的动词如带宾语，要在宾语后重复动词，再加"得"和情态补语。第一个动词常常可省略。

$$（V+）O + V + 得 + Adv + A$$

Subject	Predicate						
	（V）	O	V	得	Adv	A	Particle
他			来	得	很	早。	
她			住	得		好	吗？
上海			发展	得		快不快？	
他们	（说）	普通话	说	得		怎么样？	
老师	（教）	语法	教	得	不	快。	

注意：

（1）形容词充当补语时跟在句中做谓语一样，肯定式一般要加"很"，如"来得很早"、"说得很快"。

（2）带情态补语的句子重心在补语部分。疑问形式一般只就补语部分发问，回答也只针对补语部分。否定形式只能否定补语，而不能将"不"放在动词的前边，不能说"他不来得很早"。

（3）这类句子回答可以用省略式，例如：

疑问形式	回答
他汉语说得流利吗？	他汉语说得很流利。
	说得很流利。
	很流利。

2 助词"了②"：肯定事情的完成或实现

我们在第十三课学过助词"了①"用在动词后边，表示动作行为的完成或实现。而本课出现的助词"了②"总是出现在句尾，肯定事情或情况的完成或实现。请比较：

	A		B
A₁：你去哪儿？		A₂：你去哪儿了？	
Where are you going?		Where have you been? *or:*	
		Where did you go?	

B₁：我去商场。

I am going to the shopping mall.

B₂：我去商场了。

I've been to the shopping mall. *or:*

I went to the shopping mall.

- -

A₃：你买什么？

What are you going to buy?

A₄：你买什么了？

What have you bought? *or:*

What did you buy?

B₃：我买衣服。

I am going to buy some clothes.

B₄：我买衣服了。

I've bought some clothes. *or:*

I bought some clothes.

A 组对话中，"去商场"和"买衣服"这两件事尚未完成或实现；B 组对话中，这两件事肯定已经完成或实现了。

带助词"了②"的句子，其否定形式也是在动词前边加副词"没（有）"（不能用"不"），而且一定要去掉句尾的"了"。正反疑问句式是在句尾加上"……了没有"或者并列动词的肯定和否定形式"……没……"。

$$ \text{V} + \text{O} + 了 $$

Subject	Predicate			
	Adv	V	O	Particle
我 他 宋华 林娜 她	没有	换 去 回 去 参观没参观	钱 上海。 家 西安 兵马俑？	了。 了吗？ 了没有？

注意：

（1）助词"了②"总是表示动作或事情发生在过去的时间。但是，发生在过去的事情不一定都用助词"了②"。如果只是一般地叙述过去的事情，特别是连续发生的几件事情，或描写当时的情景但并不强调肯定已经发生的语气，也可以不用"了"。例如：

星期六他上午去看电影，下午去参加一个聚会。

（2）如果"了"用在动词后边，又处于句尾，就兼有助词"了①"和助词"了②"的作用。例如：

他去了。

我懂了。

刚才宋华来了。

　　"了"表示动作行为的完成或实现
并肯定事情的完成或实现。

3　动词的重叠

汉语动词可以重叠使用（V+V）：单音节动词重叠的方式是"AA"式，也可以用"A一A"式；双音节动词只能用"ABAB"式，中间不能加"一"。例如"看看、说说、等一等、用一用、数一数、介绍介绍、复习复习"等。动词重叠常常表示动作行为持续的时间短暂或者表示尝试，与动词后边加"一下"作用差不多。

4　100 ~ 10000 的称数法

101 一百〇一	102 一百〇二	……	109 一百〇九	110 一百一十
111 一百一十一	112 一百一十二	……	119 一百一十九	120 一百二十
⋮	⋮		⋮	⋮
191 一百九十一	192 一百九十二	……	199 一百九十九	200 二百
201 二百〇一	202 二百〇二	……	209 二百〇九	210 二百一十
⋮	⋮		⋮	⋮
991 九百九十一	992 九百九十二	……	999 九百九十九	1000 一千

1001 一千〇一	1010 一千〇一十	1052 一千〇五十二	1100 一千一百
1109 一千一百〇九	3543 三千五百四十三	8990 八千九百九十	9999 九千九百九十九

5　介词"从"

"从 + NP"构成介词短语，常放在动词前，表示动作的起点。

介词"从"的宾语一般是表示地点或时间的词或短语。例如：

　　我从学院去邮局。

　　他从英国来中国。

一个不表示地点的名词或代词，必须在后边加上"这儿"或"那儿"，才能做"从"的宾语，组成介词短语，修饰动词。例如：

　　他从力波那儿来。

　　他从谁那儿来？

　　陈老师从我这儿去银行。

6　副词"就"（1）

"就"（1）用来表示强调，即表示肯定客观事实或强调事实正是如此。例如：

这就是北京。

就是这个人。

五、《课本》汉字知识

汉字的构字法（1）

汉字的形体构造在音形义的组合方面是有规律的。现代汉字的形体与古代相比虽然发生了很大的变化，但汉字始终保持着表意文字的特征。因此，了解汉字的构字法对学习汉字是很有帮助的。

象形法　这种造字法就是画出实物的整体形状或部分特征，是原始的造字法。

a. 画实物的整体。如：人、大、目、口、牙、耳、心、手、足、身、女、木、水、火、土、丁、刀、日、月、井、田、子、儿、工、弓、衣、车、舟、门、户、虫、马、立；

b. 画物体的特征。如：母、羊、牛、犬；

c. 连带相关的物体一起画出。如：果、天、匕、见。

我们学过的这些独体字在古代都是象形字。可是现在都不象形了，变成记号了。但作为构造合体字的部件时，或保留字的读音，或保留字的意义。这对了解合体字的读音或字义仍有帮助。

六、教师参考语法知识

1　情态补语

补语是在动词或形容词后对动词或形容词进行补充说明的成分。有的说明情态，有的说明结果，有的说明趋向，有的说明数量，等等。本教材将介绍情态补语、趋向补语（简单趋向补语和复合趋向补语）、结果补语、数量补语、时量补语、动量补语、程度补语和可能补语等（可能补语将在第三册出现）。

宾语也在动词后面，但一般表示动作所涉及的对象，而且大多数是名词性的，而补语常常是动词或形容词性的，所以宾语与补语不难区分。

本课所介绍的情态补语（用"得"连接的补语），过去的很多教材中叫做程度补语。现在我们通常把这类补语分出来，列为情态补语，因为它所补充说明的是动作或施动者的情态。而真正说明动作所达到程度的，仍称为程度补语（如第十七课所介绍的"极了"、"多了"）。

带情态补语的句子，一般包含两层意思，如"他来得很早"表示：①他来了；②来得早。又如"他语法教得很好"表示：①他教语法；②他教得很好。这种句子所表达的动作或状态，一般都是已经发生的，或经常发生的。对尚未发生的动作或状态，一般不能用情态补语，不能说"明天我要来得很早"（而应该说"明天我要早点儿来"），这也是情态补语与状语的不同之处。

情态补语句所表示的两层意思中，后一层意思是主要的，是表达者所关心的。因此，这种句子无论是提问或进行否定，都是针对补语部分。

动词（或形容词）的重叠形式不能带情态补语。不能说"他看看得很快"。

② 助词"了②"肯定事情已经发生

汉语跟很多学习者的母语不一样，没有严格意义上的形态变化（性、数、格、时、态等）。对动作和事情发生的时间（过去、现在或将来），除了在需要特别说明的情况下用时间词表示外，一般并不关心。汉语所关心的是动作或事情所处的状态：是正在进行还是已经完成，是将要发生还是要持续下去，等等。这就是动词的"态"。汉语动词的态主要有：动作的完成、情况的变化、动作的进行、动作或状态的持续、过去的经验或经历以及动作即将发生等。第十三课及本课主要介绍"了"表示动作或事情的完成态。

"了①"（在动词后，称为动态助词）和"了②"（在句尾，称为语气助词）都能表示完成或实现，但二者所表示的意思和用法还有不同：

（1）"了①"强调动作的完成；"了②"表示某一事情已发生或完成。

（2）"了①"所表示的动作的完成，不一定发生在过去，也可能是将来，如"明天下了课我去商店"，而"了②"所表示的是事情的完成，一般都是发生在过去，句中还常常有表示过去的时间状语，如"你昨天上午去哪儿了？"。

（3）"了①"表完成，当动词后边带宾语时，必须要满足下面的条件之一，句子才能成立。a.宾语一定要带定语，而且这种定语常常是表示数量的，如"他买了一本书"，而不能说"他买了书"。b.在句尾再加上"了②"，如"他买了书了"。c.后边还有句子或其他成分，如"我昨天买了书，也买了光盘"。而用"了②"表完成则无需这类条件，只要放在句尾就行。

我们可以从时间的角度来看看"了②"的用法。

前天（过去一）	昨天（过去二）	今天（现在）
他前天在北京。	昨天他去上海了。	他今天在上海。
他没有钱。	他取钱了。	他现在有钱。
他不在学校。	他回学校了。	他现在在学校。

"了②"表完成的句子，和"了①"一样，正反疑问式是"V + 没 + V（+O）"或"V（+O）+ 了没有"。肯定的回答是"V（+O）+ 了"。南方方言中，有的用"有没（有 +）V（+O）"来提问，肯定的回答用"有 +V+ 了"，这都是不符合普通话的习惯的。

3　动词重叠

动词重叠有两个作用：第一是表示尝试，对某件事情能否做成、能否达到目的没有完全的把握，或者表示自谦（动词表示的动作既可以是能够持续的，也可以是不能持续的）；第二个作用是缓和语气，有商量的口吻，一般用来征求别人的意见、请求别人做什么事情（所用动词表示的动作，一般是能够持续的）。如果不用重叠形式，口气就显得生硬，不客气、不礼貌。

动词的重叠		不重叠
尝试/建议（有时含自谦义）	请求/口气缓和	命令/口气强硬
我去查查资料。（未必能查到）	你去查查资料。	你去查资料。
我想听听他的意见。	我想听听您的意见。	你听我说。
这篇论文应该请他看看。	请您看看我的论文。	你看我的论文。
我来讲讲饮食文化。（未必能讲清楚）	我给你们讲讲饮食文化。	我给你们讲饮食文化。（你们听）
我来介绍介绍。（未必能说清楚）	你给我们介绍介绍西安。	你给我们介绍西安。

七、教师参考文化知识：秦始皇陵兵马俑

秦始皇陵兵马俑是 1974 年春天在陕西临潼县（距西安市 30 多公里）东南秦始皇陵东侧发现的。这是一支埋藏在地下两千年、用陶制成的大小如同真人的军队，守卫着秦始皇陵。在现已发现的三个俑坑中，已挖掘出兵马俑几千个。这支近千人的军队和战马、

战车，按前锋、中锋、后卫以及侧翼卫队的队形排列，威武、雄壮、浩浩荡荡地站在 5 米深的地下，被称为世界第八大奇迹，是 20 世纪考古学最大的发现之一。令人惊奇的是，这些兵马俑制作精细，形象生动逼真，相貌各不相同，连丝丝头发、鞋底的线纹都看得清清楚楚，体现了两千多年前中国高超的雕塑艺术。兵马俑中出土的一万多件青铜兵器，有的仍闪闪发光，十分锋利，也是世界冶金工艺史上的奇迹。据探测，埋藏在地下的兵马俑总共有八千件之多。

秦始皇嬴政于公元前 221 年统一中国，建立了中国历史上第一个中央集权的封建大帝国。在他 13 岁继承王位时就开始建造这座陵墓。他动用了全国 70 万人，用了 38 年的时间，在他 50 岁去世时，陵墓尚未最后修成。

八、《综合练习册》中部分练习答案和听力文本

听说练习

2

① C　　② D　　③ B　　④ A　　⑤ B

听力文本

① 谁去银行去得早？

② 林娜去银行做什么？

③ 林娜刚从哪儿回北京？

④ 林娜要换什么钱？

⑤ 林娜换了多少钱？

3

① F　　② F　　③ F　　④ T　　⑤ F　　⑥ F

听力文本

A: 你看，现在几点了？

B: 对不起，我来晚了。你今天穿得真漂亮。

A: 是吗？我们换多少钱？

B: 两千块人民币，好吗？

A: 我们要去西安和上海，还要买东西，两千块太少了！

B: 好，我们换四千吧。

4

① 少　　② 得　　③ 从　　④ 参观　　⑤ 了

5

[听力文本]

① 北京的大商场很多。

② 西安的兵马俑非常好。

③ 今天英镑换人民币换得不多。

④ 上海这几年发展得怎么样?

⑤ 年轻人普通话说得很流利。

6

[听力文本]

① 来换钱

② 买东西

③ 去旅行

④ 请等一等

⑤ 在上海说普通话

7

[听力文本]

A: 王老师，您好!

B: 你好，你来得真早。

A: 我明天要去中国旅行，今天来银行换钱。

B: 现在一加元换多少人民币?

A: 今天换得不多，一加元换六块五毛一。

B: 你要去中国哪儿旅行?

A: 很多地方，北京、上海、西安，还有云南和西藏。

B: 是吗? 太好了!

[读写练习]

5

从　就　行　得　还　观　信　再

7

（1）写　　（2）去 参观　　（3）买 买　　（4）换

（5）玩儿　吃

8

（1）C　　（2）D　　（3）B　　（4）C　　（5）A

14

（1）×　　（2）×　　（3）✓　　（4）✓　　（5）✓

15

（1）F　　（2）T　　（3）F　　（4）F　　（5）T

我把这事儿忘了

一、教学目的

1 掌握本课重点句型和重点词语的用法

（1）简单趋向补语

（2）"把"字句（1）

（3）时量补语

（4）副词"就"（2）

（5）代词"自己"

（6）"上、下"表次序或时间

2 掌握本课"认识新朋友"、"暂时离开"等功能项目，并能初步就办手续填表、借书、还书的话题进行交际。

3 掌握汉字

（1）会认、会写基本汉字：表、卅、官、正、式；

（2）会写部件：釆；

（3）会认、会写课文中的汉字：把、忘、图（书）馆、（办公）室、借（书）证、带、填、慢、（生）活、性别、职（业）、交、考试、（不）错、翻译、新、罚款、（电）脑、查、实（用）。

二、教学步骤建议（同第十五课，以下每课略）

三、内容说明

1. 简单趋向补语和"把"字句是本课的两大重点语法，也是大多数第二语言学习者感到陌生和难以理解、掌握的。本课只分别介绍这两个语法点中的基本句型。

学习简单趋向补语，首先必须了解"来"和"去"所表示的趋向意义。除了利用课本第41～42页的图作解释外，教师也可用自身动作来演示。本课只学两种句型：

（1）动词不带宾语，如"他们出来了"。

（2）动词带宾语，如"他们上楼去了吗？"——宾语一律放在动词与趋向补语之间。先让学生牢固地掌握这一宾语位置。至于当宾语是表示事物的名词时也可放在趋向补语之后，暂不介绍。

"把"字句对学生来说尤其难以掌握，而且他们即使学会了造句，平时也不习惯使用。本教材除了分散难点、化难为易、逐步介绍外，还在课文中尽可能多地出现所教的句型，以加深印象。学习"把"字句，首先要体会一下这种句型所体现的"处置"的意义。课本第42～43页作了用"把"字句和不用"把"字句的对比。

本课只介绍一种最简单的"把"字句句型，即动词后边带"了"，如"我把这事儿忘了"。第十八课还将介绍另两种"把"字句，其他句型以后将在第三册介绍。有关"把"字句的结构特点，课本上谈了四点，在初次接触"把"字句时，应该有所了解，但需要在今后学习和重现"把"字句时逐步加深理解。

2. 时量补语相对容易一些。本课只介绍带宾语如"我外语考了两个小时"和不带宾语如"你等一会儿"两种，带宾语的也只有"（V+）O+V+时量补语"这一种表达法。至于"V+时量补语（+的）+O"的句型以及句尾加语气助词"了"表示动作或行为仍在继续的句型，将在第十九课介绍。本课所教带时量补语的句子结构——重复动词并省略第一个动词，与上一课所教带宾语的情态补语的结构有相似之处。时量补语句当动词带宾语时，从语法上分析也属于主谓谓语句。本课不必讲这一点，以后再归纳。

3. 课文（一）的"三楼到了"，可联系第十一课的"语言学院到了"，语气助词"了"表示完成。课文（二）的"这儿的书可以借多长时间"是无标志被动句，将在第二十三课学。"每本书过期一天罚两毛"是紧缩句。这些都是提前出的句型，学生只要弄懂意思，会说课文中的句子就行，暂不要扩展练习。

"借多长时间？"是用副词"多"提问，我们在第九课已学过"他今年多大"，可以复习一下。下一课还要出现"多大号？"。

4. 根据本教材的体例，每课课文除了多次重现当课所介绍的语言点外，还尽可能重现上一课刚掌握的语言点。如本课就多次重现了第十五课的语言点：情态补语（如：我汉字写得太慢；我们借书证办得真快；你考得怎么样；我口语考得不错）；语气助词"了"肯定事情已经发生（如：您带照片来了吗；您的书过期了；听说你们上星期考试了）；动词重叠（如：我想借新的汉语课本看看；您找一找《新实用汉语课本》）；介词"从"（如：你从那儿拿一张表来；我们从这儿出去）。老师们可以利用本教材的这一特点，复习已学的内容。

 四、《课本》语法与注释

1　简单趋向补语

一些动词后边常用"来"或"去"做补语,表示动作的趋向,这种补语叫简单趋向补语。如果动作是朝着说话人的方向移动的或向着所谈的事物进行的，就用"来"；如果动作是朝着相反的方向移动或进行，就用"去"。

带简单趋向补语的动词如果有宾语，宾语要放在动词和补语之间。如果要否定动作的完成，否定副词用"没（有）"。正反疑问句是并列动词的肯定形式和否定形式。

$$V + O + 来/去$$

Subject	Predicate				
	Adverbial	V	O	来/去	Pt
我们	先	进		去	吧。
她们		出		来	了。
他们		上	楼	去	了吗?
我	没（有）	回	家	去。	
你	明天	拿不拿	明信片	来?	
他		带没带	照片	来?	

注意：这类句子的动词不能带助词"了①",只能在句尾用助词"了②"表示事情已经发生。不能说"你回了家去吗？"。

2　"把"字句（1）

"把"字句是汉语里经常使用的一种动词谓语句，用来强调说明动作对某事物如何处置以及处置的结果——使该事物移动位置、改变状态或受到一定的影响等。例如：

一般陈述	强调处置
A：你去做什么了？	A：你的书呢？怎么不在这儿了？
B：我去还书了。	B：我把书还了。(so you can't find it now)
A：她的生日是几号？	A：昨天你为什么不参加她的生日聚会？
B：我忘了（她的生日）。	B：真对不起，我把她的生日忘了。
	(so I've made a mistake)

在"把"字句里，介词"把"和它的宾语——被处置的事物，必须放在主语之后、动词之前，做状语。

$$S + 把 + O + V + Other\ elements$$

Subject	Predicate					
	OpV	Adverbial	Prep "把"	O (matter to be disposed of)	V	Other elements
我			把	这事儿	忘	了。
你			把	那张表和照片	交	了吗？
我	得	先	把	上次借的书	还	了。
你			把	借书证	办	了没有？

从上表中的例句可以看出：

（1）"把"字句的主要动词一定是及物的，而且往往有处置或支配的意思。没有处置意思的动词如"有、在、是、来、去、回、喜欢、觉得、知道"等，不能用于"把"字句。

（2）"把"字句的宾语一般是说话人心目中已经确定的，所以，不能说"我先把一本书还了"，而只能说"我先把那本书还了"或"我先把上次借的书还了"。

（3）"把"字句的动词后必须有其他成分，本课介绍的"把"字句，动词后面都有助词"了"（以后我们将介绍后面带其他成分的另外几种"把"字句）。我们不能说"我把这事儿忘"，而必须说"我把这事儿忘了"。

（4）能愿动词或副词（做状语）必须放在"把"的前边，例如"我得先把上次借的书还了"。

3 时量补语（1）

时量补语用在动词后边，表示动作或状态持续的时间。当动词带宾语时，在宾语后重复动词，再加时量补语，第一个动词常常省略。疑问式常用"多长时间"提问。

(V +) O ＋ V ＋ Time-measure complement

Subject	Predicate				
	(V)	O	V	Pt	Time-measure complement
你			等		一会儿。
丁力波			学习	了	半年。
我们	（办）	借书证	办	了	多长时间？
我	（考）	外语	考	了	两个小时。

注意：只有表示一段时间的词语，例如"一分钟、两小时、三天、四个月、五年、一会儿"等，才能做时量补语。表示时间上某一点的词，例如"三点钟、1月1号、2010年"等，不能表示动作持续的时间，不能做时量补语。不能说"我等了一点半"。

带时量补语的句子否定式一般是在动词前加否定副词。例如：

丁力波没有学习半年，他学习了三个月。

A：你外语考了两个小时吗？

B：我外语没有考两个小时。

4 副词"就"（2）

表示事情发生得早、快或两个动作、事情接得很紧。例如：

刚七点，他就来了。

我们现在就去借书。

5 代词"自己"

代词"自己"常用来复指前边的代词或名词，有强调的作用。例如：他自己、我们自己、力波自己、老师自己、医生自己。

6 "上、下"表次序或时间

"上"常表示次序或时间在前，"下"则表示次序或时间在后。

上次	这次	下次
上星期五	（这个）星期五	下星期五
上月	这个月	下月

五、《课本》汉字知识

汉字的构字法（2）

指事法　用约定俗成的符号或在象形字上加记号造出新字。指事字的数量很少。

a. 用原始社会约定俗成的符号造出新字。如：一、二、三、四、五、六、七。

b. 在象形字上增加一个指示符号而造出新字。如：刃、本、早、上、中、下。

六、教师参考语法知识

1 简单趋向补语

有的语法著作把"动词＋上、下、进、出、回、过、起、开"也看作是动词带简单趋向补语。本教材认为这些都是结果补语，简单趋向补语只限"来、去"两个动词。简单趋向补语的基本意义是表示动作使人或事物向某一方向移动。当动词是不及物动词时，带趋向补语的句子表示主语的趋向，如"她们出来了"；当动词是及物动词时，带趋向补语的句子表示的是宾语的趋向，如"你带照片来了吗？"。

谈到动作的趋向，就必须有一个基点。本教材中介绍的是以"说话人"或"所谈的事物"为基点，向着这个基点用"来"，背离这个基点用"去"。但在实际运用中，基点的确定是比较灵活的。如在电话中可以说"明天晚上七点我到你家去"（以我所在的地方为基点），也可以说"明天晚上七点我到你家来"（以"你家"为基点，显得亲切）。

2 "把"字句（1）

"把"字句表示处置，其基本意义是表示位移，即用一个动作使某一事物从一个地方转移到另一个地方。如：

"把"字句							位置对比	
S	Adv	把	O of "把"	V	V来/去	了	动作之前	动作之后
我		把	图书馆的书	还		了。	我手里	图书馆
我		把	你的论文	带	来	了。	我手里	你手里
我	今天	把	记者	请	来	了。	他家里	这里
我	也	把	林娜她们	找	来	了。	她们宿舍	这里
马大为	昨天	把	那本书	拿	去	了。	我这里	他那里
你		把	这本书	拿	去	吧。	我这里	你那里

对"处置"一词应作宽泛的理解，包括动作作用于或影响到某一事物，产生某种结果，出现某种变化，呈现某种状态等。如：

我把这事儿忘了。（就得罚款）

（我们）先把借书证办了。（从没有借书证到有了借书证）

"把"字句一般用"没有"否定，否定副词必须放在"把"的前边。但在回答本课所介绍的句型"你把借书证办了没有？"时，否定的回答常只用"没有"，不再重复原句。

3 "上、下"表次序或时间

本课出现的"上"和"下"，既是动词如"上楼"、"下楼"，也是方位词（将在第二十一课介绍）。本课"上、下"用在名称前表次序或时间，类似形容词的修饰功能。

七、《综合练习册》中部分练习答案和听力文本

听说练习

2

① B　　② A　　③ D　　④ C　　⑤ B

听力文本

① 图书馆到了，我们先办借书证。

② 你的照片呢？

③ 老师，我们今天做什么？

④ 借书证要办多长时间？

⑤ 北京图书馆的书可以借多长时间？

3

① F　　② T　　③ F　　④ T　　⑤ F　　⑥ F

听力文本

A: 先生，我想换钱。

B: 请先填一张表。

A: 好。……请问，"职业"应该怎么填？

B: 您做什么工作？

A: 我在美国上大学，现在在中国旅行。

B: 那就写"学生"吧。

A: 谢谢。给您。

B: 您带护照来了吗?

A: 带来了。给。

B: 今天换钱的人很多，这是您的号码，请等一等。

A: 好，谢谢。

4

① 给　　② 把　　③ 得　　④ 去　　⑤ 忘　　⑥ 得

⑦ 来　　⑧ 从

5

〔听力文本〕

① 我们先上楼去，把借书证办了。

② 请填一下你的性别和职业。

③ 办公室在图书馆的三楼。

④ 每本书过期一天罚两毛。

⑤ 电脑就在阅览室。

⑥ 给我拿一支笔来，好吗?

⑦ 他们已经把表和照片都交了。

⑧ 明天我们就去王府井。

6

〔听力文本〕

① 现在学习语法，一会儿就写汉字和生词。

② 可以进来吗?

③ 你们先下楼去吧。

④ 今天上午我要把语法复习了。

⑤ 王老师给我送课本来了。

⑥ 你快把药吃了。

⑦ 我翻译考得还可以。

⑧ 你得先把星期一借的书还了。

7

听力文本

A: 北京天真热，我想办游泳证。

B: 我上个星期就办了。

A: 办游泳证要带什么东西去？

B: 你得带自己的学生证和一张照片去，还要填一张表。

A: 我的汉字写得太慢，怎么办？

B: 没关系，把你的姓名、性别、年龄、国籍填了，就可以了。

A: 是吗？一张证可以游多少次？

B: 每张证 180 元，可以游 18 次。

A: 太好了，我明天就去办。

读写练习

6

（1）B　　　（2）C　　　（3）B　　　（4）A

7

借　　证　　表　　填　　性　　职　　真　　慢

9

（1）来　　（2）去　　（3）来　　（4）去　　（5）来　　（6）去
（7）去　　（8）来

10

（1）B　　　（2）A　　　（3）D　　　（4）C

16

（1）✕　　（2）✕　　（3）✕　　（4）✓　　（5）✓

17

（1）F　　（2）T　　（3）F　　（4）T　　（5）F　　（6）F
（7）T　　（8）T

这件旗袍比那件漂亮

一、教学目的

1 掌握本课重点句型和重点词语的用法。

（1）"的"字短语（1）

（2）用介词"比"表示比较（1）

（3）数量补语

（4）动词"来、去、到"等带时量补语

（5）"极了、多了"表示程度

（6）"了①"与"了②"连用

2 掌握本课"描述事物"、"比较"等功能项目，能初步就买衣服的话题进行交际。

3 掌握汉字

（1）会认、会写基本汉字：比、己、及、产、黑、丝；

（2）会写部件：衤、关、灬；

（3）会认、会写课文中已出现的汉字：旗袍、卖、（商）店、极、（一）定、（开）始、（太极）拳、套、帅、颜色、便宜、（没）关（系）、（公）园、衬衫、绿、售货（员）、（合）适、短、麻烦、（丝）绸。

二、教学步骤建议（略）

三、内容说明

1.本课的重点语法是用介词"比"表示比较和数量补语。

用介词"比"表示比较，本课主要介绍两种句型：

（1）谓语主要成分是形容词，如"这件旗袍比那件旗袍漂亮"。这实际上是形容词谓语句，"比＋O"做状语必须放在形容词谓语之前。

（2）谓语主要成分是动词，如"你比我知道得多"。本课只介绍"比＋O"放在动词前做状语的句型（而"比＋O"放在动词后修饰情态补语的，如"你知道得比我多"，本课尚未介绍）。

本课所介绍的"比"字句的否定式是"不比"。

数量补语一般出现在用"比"的比较句中，在形容词之后表示比较所得出的具体差别。这一句型不难掌握。

2. 本课出现"的"字短语，主要让学生了解它的功能相当于一个名词；了解"的"字短语的区别作用（指"白的"区别于"黑的"，"我的"区别于"你的"）；知道"的"字短语在句中可代替名词充当主语和宾语。要注意的是本课尚未出现"是"字句（2）（下一课才介绍），本课也未出现由动词或动词短语、主谓短语构成的"的"字短语。

3. 注释中所说"极了"、"多了"在形容词或某些动词的后边做补语，是指程度补语。本课只介绍程度补语的这两种形式（其余的形式将在第三册教），可以先作为两个词的用法让学习者掌握，以后再从程度补语的角度进行总结。

4. 课文（一）中"你穿中式衣服一定很帅"是主谓短语，"你穿中式衣服"做主语。

四、《课本》语法与注释

1 "的"字短语（1）

名词、代词、形容词、动词以及名词性短语和动词性短语后面加上"的"，就构成"的"字短语。"的"字短语相当于一个名词。"的"字短语具有区别作用。

Pr ／ N ／ A ＋ 的	
我	的（mine）
老师	的（the teacher's）
丝绸	的（the silk one）
大	的（the big one）

"的"字短语在句中可以充当主语和宾语。如：

　　丝绸的很贵，我没有丝绸的。

　　我喜欢绿的，他喜欢红的。

2 用介词"比"表示比较（2）

介词"比"可以比较两个事物的性质、特点等。在形容词谓语句中，"比"及其宾语组成介词短语，放在形容词前。

S + Prep "比" + N / Pr + A

Subject	Predicate		
	Prep "比"	N/Pr	A
这件旗袍	比	那件旗袍	漂亮。
大商场的东西	比	小商店的	多。
这件衬衫	比	那件衬衫	合适。
小云	比	他	忙。

某些动词谓语句也可以用"比"表示比较，"比……"常放在动词前边。

S + Prep "比" + N / Pr + VP

Subject	Predicate			
	N	Prep "比"	N/Pr	VP
你		比	我	知道 得 多。
田小姐		比	我	翻译 得 好。
他们	汉语	比	我们	说 得 流利。

用"比"表示比较的一种否定式是"不比"，"x 不比 y + A"的意思是：$x < y$ 或 $x = y$。例如：

他不比我高。（我比他高；他跟我一样高）

小商店的东西不比大商场的东西差。（小商店的东西比大商场的东西好；小商店的东西跟大商场的东西一样好）

注意：

（1）能愿动词、副词应加在"比"前边，例如：

你应该比我知道得多。

他可能比我忙。

这件衣服当然比那件衣服好。

（2）在用"比"的形容词谓语句里，谓语形容词前一定不能用"很、真、非常"等副词，例如：不能说"他比我很忙"。

3　数量补语

在用"比"表示比较的形容词谓语句中，如果要明确指出两种事物的具体差别，就在谓语主要成分后边用数量短语做补语。

A ＋ Numeral-measure word phrase

Subject	Predicate			
	比	N/Pr（比较的对象）	A（比较的方面）	V（比较的结果）
这件衣服	比	那件衣服	大	一号。
这本书	比	那本书	贵	20块钱。
这件	比	那件	长	两公分。
我们系	比	他们系	多	90个学生。

如果要表示大略的差别，可以用"一点儿"说明差别很小，用"多了"表示差别很大。例如：

这件衣服比那件贵一点儿。

这个电脑比那个新多了。

这种句式的疑问句形式常用"A ＋ 多少"提问。例如：

你们系比他们系多多少人？

这件衣服比那件贵多少（钱）？

4　动词"来、去、到"等带时量补语

有些动作如"来、去、到"等是不能持续的，如果要表示从这类动作发生到某时（或说话时）的一段时间，也可以用时量补语。动词带宾语时，时量补语必须放在宾语之后。例如：

我来中国已经一年了。

他去图书馆已经两个小时了。

5　"极了"、"多了"表示程度

口语中"极了"、"多了"常放在形容词或某些动词的后边做补语，表示所达到的程度。"极了"表示最高的程度；"多了"表示与某事物相比，相差的程度大。例如：

A / V + 极了 / 多了		
这件旗袍	漂亮	极了。
他	高兴	极了。
这本书他比我	喜欢	多了。
他哥哥比他	年轻	多了。

6 "了①"与"了②"的连用

　　动词带助词"了①"表示完成，如果宾语没有数量词及其他定语，句末还要有助词"了②"才能成句。助词"了①"与助词"了②"连用既表示动词所代表的动作行为的完成或实现，也表示整个句子所表示的某件事情或情况已经发生，带有强调的意味。例如：

　　　　我买了衬衫了。（谁说我没有买）

　　　　我吃了饭了。（我不能再吃了）

五、《课本》汉字知识

汉字的构字法（3）

　　会意法　用几个意义有关联的字组成新字，通过联想各组成部分（字）的意义可领会新字的意义。如"从"字，用"一个人在前，另一个人跟着"表示"跟随"的意思。我们学过的会意字有：林、比、北、明、信、友、孙、多、步、出、看、拿、坐、休、分、品。

六、教师参考语法知识

1 用介词"比"表示比较和数量补语

　　汉语表达比较的方式很多，本课先介绍用介词"比"对两个事物的性质、特点进行比较。这种比较句的谓语，除了本课已介绍的形容词（短语）、动词（短语）外，也可能是主谓短语，如"他比我身体好。"

　　用"比"表示比较句的否定式，从语义上看主要是"x + 没有 + y + A/VP"（这种句型将在第三册介绍）；从结构上看，也可以用"不比"来表示。"x 不比 y 高"的意思是可能是"x 比 y 矮"，也可能"x 跟 y 一样高"。

　　要表示比较出的具体差别，常用数量补语，特别是本课所介绍的谓语是形容词时。如"贵 20 块钱"、"大一号"、"长两公分"、"早一点儿"等。

　　如果谓语是表示心理状态的动词，表示比较的差别也常用"一点儿"、"多了"等补语。如"你比我知道得多一点儿"、"他比我喜欢多了"。

当谓语为一般动词时，表示比较差别的可能是数量补语、时量补语、动量补语，也可能是宾语。如"这篇课文比那篇课文难念一些"、"他比我早来一小时"、"我比他多做了一遍"（以上是补语），"这学期比上学期少考了一门课"（宾语）。这些将在以后介绍。

有的语法书把时量补语、动量补语都归入数量补语。由于它们在用法上不同，本教材仍分为三种补语介绍。

2　动词"来、去、到"等带时量补语

根据动作是否可以持续，汉语的动词分为两类，一类表示可持续的动作，如"学习"、"写"、"参观"等；另一类表示不可持续的动作，如"来"、"去"、"到"等。相应地，时量补语也表示两类意义。可持续动作的时量补语表示该动作持续的时间，如"我们参观了三天"。如果句中动词表示的动作是不可持续的，时量补语表示的是该动作从发生或完成到说话的时候有多长时间，如"我来北京半年了"。

表不可持续动作的动词带时量补语的句子有一些特点：

（1）动词前不能用否定词，而是将否定词放在动词后、时量补语前。如"我来北京没有半年"，不能说"我没有来北京半年"。而表可持续动作的动词带时量补语，其否定式是在动词前加"没有"（见第十六课）。

（2）动词如带宾语，只能放在补语前，不能放在补语后。如：不能说"我到半年北京了"。而表可持续动作的动词带时量补语时，宾语（人称代词除外）可以放在时量补语后边。如"我等了一会儿老师"（见第十九课）。

（3）动词与宾语之间不能加"了"（或"过"），如：不能说"我到了家一个小时了"。而表可持续动作的动词带时量补语时，则可以加"了"（或"过"），如"我等了他一个小时"。

 七、教师参考文化知识：中国的旗袍

旗袍是中国妇女的一种传统的民族服装。最初是中国满族妇女的土著服装，样式比较宽大、平直，衣长到脚。后来汉族妇女（最早是上海的女学生）也开始穿起来。20世纪初，旗袍开始普及，社会舆论对此也大加赞扬，成为当时女子最时髦的服装。旗袍的样式也有了改进，袖口缩小，长度缩短。先后还流行过高领、低领和无领，长袖、短袖和无袖。近年来，中国服装设计者将传统的旗袍式样与现代女装结合起来，产生了丰富多彩的款式。中国旗袍由于线条简练优美，造型质朴大方，能体现女性身材的美，在国际上也有很大的影响。

八、《综合练习册》中部分练习答案和听力文本

听说练习

2

① B　　② A　　③ D　　④ C　　⑤ D

听力文本

① 力波来北京多长时间了?

② 力波要买什么样的衣服?

③ 力波为什么要买中式衣服?

④ 力波想买贵的还是便宜的?

⑤ 他们想去哪儿买中式衣服?

3

听力文本

A: 请问,有白色的鞋吗?

B: 有,这双怎么样?

A: 这双颜色不错,可是样子不太漂亮。还有吗?

B: 您再看看这双,这双比那双贵一点儿。

A: 贵一点儿没关系。这双的样子比那双漂亮多了,能试一试吗?

B: 当然可以。

A: 我觉得这双大点儿。

B: 我给您换一双小的。这双是37号的,比那双小一号。您再拿去试试吧。

A: 麻烦您了。这双很合适。多少钱?

B: 280 块。

A: 好,我就买这双。

4

① 比　　② 得　　③ 极了　　④ 白的　　⑤ 便宜多了

⑥ 还是　　⑦ 从,要　　⑧ 再,看看

5

听力文本

① 小王已经去了邮局了。

② 黑色的旗袍也很漂亮。

③ 高先生的相声说得真好。

④ 打太极拳得穿一套中式衣服。

⑤ 他穿白颜色的衣服一定帅极了。

6

听力文本

① 这件黑衬衫漂亮极了。

② 你穿多大号的？

③ 我们从八点开始考汉语口语。

④ 他的西服比我的合适。

⑤ 你哥哥到美国多长时间了？

7

听力文本

A: 明天是小云的生日，你说我们送她一点儿什么礼物？

B: 买一瓶葡萄酒怎么样？

A: 这个主意真不错，我们去商场看看吧。

　（在商场）

B: 你看，这儿都是葡萄酒。这瓶怎么样？

A: 这是白葡萄酒，我觉得红葡萄酒比白葡萄酒好喝。

B: 你看那儿，那是有名的法国红葡萄酒。

A: 那瓶红葡萄酒比刚才看的贵多了，一定很好，就买那瓶吧。

B: 好，听你的，就买那瓶。

读写练习

6

式　　宜　　打　　极　　帅　　店　　货　　黑

8

（1）比　　　（2）比，得多　　　（3）一点儿　　　（4）比

（5）比，多了／得多　　　（6）得多／多了／一点儿，得多／多了／一点儿
（7）极了

9

（1）B　　　（2）C　　　（3）D　　　（4）B

15

（1）×　　　（2）✓　　　（3）×　　　（4）✓　　　（5）×　　　（6）✓
（7）×　　　（8）×

我听懂了，可是记错了

一、教学目的

1 掌握本课重点句型和重点词语的用法

（1）结果补语

（2）"把"字句（2）

（3）"是"字句（2）

（4）"的"字短语（2）

（5）量词 "些"

（6）介词 "往"

（7）代词 "咱们"

（8）代词 "大家"

2 掌握本课 "描述事物"、"不能确定"、"提醒" 等功能项目，能初步就在邮局寄、取包裹和坐公共汽车等话题进行交际。

3 掌握汉字

（1）会认、认写基本汉字：巳、弗、象、聿、乘、失；

（2）会认、会写课文中的汉字：记、包裹、些、（词）典、旧、往、航空、（海）运、（邮）费、取、（通知）单、护（照）、客（气）、建（国门）、路、汽（车）、（好）像、咱（们）、（售）票（员）、（里）边、站、地铁、放（心）、糟（糕）、前（门）。

二、教学步骤建议（略）

三、内容说明

1. 结果补语是本课的第一重点语法。本课第一次出现结果补语，通过课文中"听懂"、"写上"、"包好"、"记错"等不同的动词与结果补语的组合，首先要让学习者理解结果补语是什么意思，以及带结果补语的句子是如何构成的。因此，本课最好围绕课文中出现的这几个结果补语进行练习，不必扩展。本教材以后还将就"好"做结果补语（第十九课）、"到"和"在"做结果补语（第二十五课）以及其他常用的结果补语分别做深入、专门的练习。

2. 本课介绍了"把"字句的另两种句型：

（1）谓语动词是"给"型（包括"给、送、找、还"等）的双宾语句，如"你把你的护照给我"。

（2）谓语动词带简单趋向补语，如"我把那本书拿来了"。

本课只要求掌握好这两类"把"字句，并复习第十六课的"把"字句（1）。其他的"把"字句句型将在第三、四册陆续介绍。

需说明一下："把"字句的否定式一般用"没（有）"，而且一定要放在"把"的前边。

3. "是"字句（2）不难掌握，与是字句（1）结构一样，只是主语或谓语都可能改成"的"字短语，代替名词（短语）。需要注意的是，"的"字短语所指的人或事物必须是上文出现过的，或者是交际双方都能理解的。如果所指的意思不清楚就不能用这一句型。

4. 本课出现了方位词"里（边）"。大量的方位词及其用法将在第二十一课介绍。

5. 本课课文内容：课文（一）马大为去邮局寄包裹并取包裹，发现他要取的包裹碰巧是被抽查的（按很多国家邮局惯例，海关有时要随机抽查一些包裹），需要到海关去取。课文（二）丁力波陪马大为去取包裹，粗心的马大为先记错了海关的地址，后来又发现忘了带包裹通知单。

四、《课本》语法与注释

1 结果补语

结果补语说明动作的结果，常常由动词或形容词充当。

V + V / A

听	懂
写	上
包	好
拿	好
记	错
坐	错

结果补语跟动词结合得很紧，中间不能插入其他成分。助词"了"或宾语必须放在结果补语的后边。

Subject	Predicate				
	（V）	V / A (complement)	Pt "了"	O	Pt "了"
我	听	懂			了。
马大为	包	好	了	那个包裹。	
下车的乘客	拿	好		自己的东西。	
我们	坐	错		车	了。

动词带结果补语，这个动作一般总是完成了的，所以否定式一般用"没（有）"，正反疑问式用"……了没有"。例如：

A：你听懂了没有？

B：我没听懂。

A：马大为包好包裹了没有？

B：他没有包好包裹。

本课出现的形容词"好"做结果补语，常表示动作达到完善的地步。例如：

我们一定要学好汉语。

请大家坐好，现在上课。

2 "把"字句（2）

本课所学的"把"字句有两种：

A. 谓语动词是"给"型的"把"字句，含动词"给"、"送"、"找（钱）"、"还"等。这种"把"字句常表示将某一事物给某人。

$$S + 把 + O_{把}（某事物）+ V（"给"型）+ O（人）$$

Subject	Predicate					
	Adverbial	把	O$_{把}$（某事物）	V（"给"型）	O（人）	（了）
你		把	你的护照	给	我。	
你	没	把	护照	给	我。	
我		把	包裹	给	你。	
他	昨天	把	礼物	送	我	了。
他		把	钱	找	我	了。

B. 带简单趋向补语的"把"字句。其基本格式是：

$$S + 把 + O + V + 来/去 + （了）$$

Subject	Predicate					
	Adverbial	把	O	V	来/去	（了）
你		把	你的护照	带	去。	
我	今天	把	护照	带	来	了。
马大为	昨天	把	那本书	拿	去	了。
我		把	借图书馆的书	拿	来	了。
我	也	把	林娜	请	来	了。

3 "是"字句（2）

"是"字句我们已经学过，如"我是马大为"，它的主语和宾语是名词或代词。"的"字短语的作用相当于名词，所以它也可以充当"是"字句的主语和宾语。

$$S + 是 + N / A / Pr / VP + 的$$

Subject	Predicate		
	Adv	是	"的"字短语
这张包裹通知单		是	你的。
这本大词典		是	旧的。
这四本书		是	中文的。
这本书	不	是	英文的。
英文的	不	是	马大为的。
中文的		是	买的。

4　"的"字短语（2）

"刚上车的"是一种"的"字短语，意思是"刚上车的乘客"。"V+的"或"VP+的"也可以构成"的"字短语。例如：

这本书是借的，不是买的。（是借的书，不是买的书）
买两张到前门的。（到前门的票）

5　量词"些"

量词"些"表示不定的数量，常常和"这"、"那"、"哪"连用，修饰名词，如"这些书"、"那些老师"、"哪些电影"。"些"也常常和"一"连用，如"一些书"、"一些人"。

6　介词"往"

介词"往"和表示地点、方位的名词构成介宾短语，"Prep'往'+PW"表示动作进行的方向。例如"往学院去"、"往里走"、"往欧洲寄"。
比较："Prep'在'+PW"表示动作发生的地方。如"在这儿写"、"在北京学习"。

7　代词"咱们"

代词"咱们"的意思相当于"我们"，多用于口语。"咱们"包括听话人在内；"我们"一般不包括听话人在内。例如：

（A和B去图书馆借书，A对工作人员说）先生，我们来借书。
（然后，A对B说）咱们借几本书？

8　代词"大家"

代词"大家"指一定范围内所有的人。例如：

大家好。

请大家进来。

大家都来了。

我告诉大家一件事儿。

"大家"常常放在"你们、我们、咱们"等后面做复指成分。例如：

明天我们大家都去上海。

你们大家都想学汉语吗?

五、《课本》汉字知识

汉字的构字法（4）

假借法 借用已有的字的字形和字音来表示另一个同音的字的意思。如"斤"原来是指斧子，借用作同一字音的、表示重量的量词；"我"原来是一种兵器，借用作表示第一人称的代词。"来"原是指"小麦"，借用作表示"来去"的"来"。在古代，这几组词的发音都是相同的。从古到今，所有的音译外来词都是用的假借法，如"沙发"、"可乐"等。

六、教师参考语法知识

1 结果补语

结果补语是用得比较多、非常重要的一种补语。它所表达的也是两层意思，如"她写错我的名字了"，第一层意思是"她写我的名字了"，第二层意思是"名字错了"。这里只用"动词＋结果补语"——即"写错"两个词，就非常简洁地表达了这两层意思。反过来说，如果不用结果补语，很多句子的意思常常表达不清楚。如课文中售票员说"请拿好票"，意思不但要乘客把票接过去，而且要保存到下车的时候；单用一个动词"拿"（"请拿票"）就表达不了这个意思。又如"我听懂他的话了"，意思是通过听，我懂了他的话；单用一个动词"听"（"我听他的话了"）不可能表达出这个意义。这两层意思中，后一层意思是表达的重心。

结果补语有一类（占大多数）是表示通过某一动作，使句中提到的人或事物产生某种结果。这种结果有的发生在施事方面（常常是谓语动词是不及物动词），如"我听懂了"（结果是"我懂了"）；有的发生在受事方面（常常是句中有动作所涉及的对象），如"他洗干净衣服了"（结果是"衣服干净了"）；也有的结果既发生在受事方面，也发生在施事方面，如"她写错我的名字了"（结果是"名字错了，她也错了"）。另一类则是只说动作本身的结果，并不表示动作对人或事物产生了什么结果，如"他看完这本小说了"（只是"看"的动作完结，并非"小说"完结，也非"他"完结）。

一般形容词都可以做结果补语，但能做结果补语的动词比较少。

2 "把"字句（2）

第十六课提到："把"字句的谓语动词后面必须有其他成分。本课介绍的这两类"把"字句，其动词后面的其他成分分别是指人的宾语和简单趋向补语。

本课所学"把"字句可以和双宾语句互相转换。从"给"型双宾语句变换为"把"字句的方式是：表示事物的宾语，如"护照"，前边加上"把"，然后一同移到主语后面、动词（如"给"）前边。日常使用中，更多的还是用"把"字句，如下表中的前三个句子。

"给"型双宾语句					"把"字句					
S	Neg.	V	O₁	O₂	S	Neg.	"把"	O把	V	O
你		给	我	你的护照。	你		把	你的护照	给	我。
你	没	给	我	护照。	你	没	把	护照	给	我。
我		给	你	包裹。	我		把	包裹	给	你。
他		送了	我	一件礼物。	他		把	礼物	送	我了。
他	没	找	我	钱。	他		把	钱	找	我了。

3 代词"咱们"和"大家"

代词"咱"有时可以代替"咱们"，但带有土语色彩，比较随便；有时也可以表示"我"，这是一种方言的用法。以上两种关于"咱"的用法都不必教给学生。

代词"大家"包括众人，但细分起来，也有不同的意义。有时包括说话人和听话人，如"明天八点大家从这儿出发"；有时不包括说话人在内，如"这次大家都考得很好"（老师说）；有时不包括听话人，如"大家都很关心你"；有时既不包括说话人也不包括听话人，如"看，大家欢迎我们呢"。这些在目前阶段也无须向学生介绍。

七、《综合练习册》中部分练习答案和听力文本

听说练习

2

① B　　② D　　③ C　　④ B　　⑤ C

听力文本

① 马大为去邮局做什么？

② 他寄了几本中文书？

③ 他要往哪儿寄书？

④ 他为什么寄航空？

⑤ 海关在哪儿？

3

听力文本

A: 您好！该您了。

B: 我要买20张邮票，10张5块的，10张8毛的。

A: 一共58块。

B: 给您70块。

A: 您这是70块，找您12块。

B: 我还要取一个包裹。

A: 请把包裹通知单给我。

B: 给。

A: 请写上您的姓名。

B: 写好了，给您。

A: 对不起，请把您的护照给我看一下。

B: 糟糕，我又把护照忘了。

4

① 懂　　② 去　　③ 把，来　　④ 没有，好　　⑤ 没有，错

5

〔听力文本〕

① 海关比邮局远多了。

② 这个包裹里都是英文词典。

③ 请放心，公共汽车也很快。

④ 很多车都经过王府井。

⑤ 刘老师的小孙子非常聪明。

6

〔听力文本〕

① 我去邮局给妈妈寄照片和礼物。

② 刚上车的请买票。

③ 我们都想学好汉语。

④ 糟糕，我把借书的事儿忘了。

⑤ 这套音乐光盘是林娜的中国朋友的。

7

〔听力文本〕

A: 请问，这是 331 路公共汽车吗？

B: 不是，这是 737。

A: 糟糕，我坐错车了。

B: 请问您要去哪儿？

A: 我要去植物园。

B: 啊，没关系，737 也到植物园。

A: 真的？太好了。买一张票。

B: 一张两块的，您这是十块，找您八块，拿好您的票。

A: 谢谢。到植物园请您叫我一下。

B: 没问题，您放心吧！

〔读写练习〕

6

局　　裹　　开　　新　　旧　　填　　单　　往　　航　　费

8

（1）好　　　　　（2）好／走　　　　　　（3）懂，错
（4）对／好／完　　　（5）冷

9

（1）B　　（2）A　　（3）C　　（4）D　　（5）B

15

（1）×　　（2）×　　（3）√　　（4）√　　（5）√

中国画跟油画不一样

一、教学目的

1 掌握本课重点句型和重点词语的用法

（1）"跟……（不）一样"表示比较

（2）时量补语（2）

（3）连动句（2）：表示工具、方式

（4）"还没（有）+V+呢"

（5）"好"做结果补语

（6）"是不是"问句（2）

（7）"来 +V/VP"

2 掌握本课"表达持续时间"、"寒暄"、"告别"等功能项目，能初步就个人爱好、评论美术作品等话题进行交际。

3 掌握汉字

（1）会认、会写基本汉字：天、斗、石、氏；

（2）会写部件：虍；

（3）会认、会写课文中的汉字：油画、（不）敢（当）、唱、（马马）虎（虎）、幅、徐悲鸿、（电）梯、（开玩）笑、材料、纸、布、墨、（油）彩、匹、跑、它、风、虾、游、齐（白石）。

二、教学步骤建议（略）

三、内容说明

1.“跟……（不）一样”表达比较

与第十七课介绍的用“比”来比较性质、程度的差别不同，“跟……（不）一样”是用来比较事物的异同。本课着重介绍三种句型：

（1）x 跟 y（不）一样，如“中国画跟油画不一样”。

（2）x 跟 y（不）一样＋形容词，如“中国画跟油画一样美”。

（3）x 跟 y（不）一样＋动词短语，如“我爸爸跟我妈妈一样喜欢中国画”。

“跟……（不）一样”在上述三个句型中所充当的成分不同：句（1）中“一样”是谓语形容词，“跟……（不）”是用来修饰它的状语；句（2）和句（3）中“跟……（不）一样”整个做状语，修饰句中的谓语，即句（2）中的形容词和句（3）中的动词短语。

课文中还出现了“我跟你一样，也很喜欢中国画”和“他唱京剧跟我画中国画一样，马马虎虎”。这两句“跟……一样”后面都有逗号隔开，它们都是复句。前者的第一分句是形容词谓语句，逗号后面的第二分句省略了主语“我”（或者说与第一分句同一主语）；后者的第一分句的主语“他唱京剧”是主谓短语，也是第二分句“马马虎虎”的主语。如果学生不提出问题，本课无须作如此详细的语法分析。只要求他们能弄懂句子的意思，能复述就行。

“跟……（不）一样”的正反疑问句是“跟……一样不一样+A/VO”，如“他跟力波一样不一样高？”。

2.时量补语（2）

本课要掌握两个带时量补语的句型：

（1）“了②”表示动作仍在继续进行，如“我已经画了11年了”。

（2）谓语动词带宾语的另一种方式，如“我学了两年（的）中文”。

介绍句型（1）时，可与第十六课已学过的不带“了②”的句型相比较，着重说明两句在意义上的差别。介绍句型（2）时，也可与第十六课已学过的重复动词的句型（“他（考）外语考了两个小时”）相比较，并说明：不论句尾有没有“了②”，当动词带宾语时，这两种句型都可以用，而且本课所介绍的这种不重复动词的句型，比重复动词的句型用得更多。

3.连动句（2）：表示工具、方式

复习第十一课已学过的连动句（1）：表示目的。连动句（2）在本阶段经常用的前一个动词主要就是“坐”和“用”，这一语法点不难掌握。需要特别提醒学生注意的是，表示工具方式的动宾短语一定要放在前边，而不是后边。

本教材第二十五课还要介绍前一动词带助词“着”的连动句，也属这一类表示工具方式的。其他连动句将在第三册介绍。

4. "好"是用得较多的结果补语，除了第十八课介绍的表示动作达到完美的地步外，另一个常用的意义是完成。

5. "来 +V/VP"

这里的"来"的意义已经虚化了，并不是真正指"来"的动作。课文中"我来告诉你吧"、"让我们来想象一下"去掉"来"（"我告诉你吧"、"让我们想象一下"）意思一样，但口语中常加"来"。可联系第七课"我来介绍一下"。

6. 课文（二）中，"中国画主要用墨和水画"一句的"主要"，是形容词做状语，修饰动词"用"。关于状语，从第一课的"都"、"也"开始到本课已出现了不少，将在下一课归纳总结。

7. 本课课文的内容是参观画展，自然会涉及到中国画的特点。由于现阶段学生的语言水平和词汇量所限，这类专门的问题（包括京剧以及后面将要涉及的地方戏及中国民乐等）都不可能介绍得十分全面、精确。但是考虑到作为大学生的学习者，除了对用目的语解决最迫切的生活需求如衣食住行有兴趣外，还对通过目的语了解目的语国家的文化、哪怕是最简单的介绍也会感兴趣，所以本教材在课文中较早地涉及有关中国文化的内容。这样也有利于拓宽学生用汉语进行讨论、交际的范围。

四、《课本》语法与注释

1　"跟……（不）一样"表示比较

"跟……一样"表示两个事物比较的结果相同，不同则用"跟……不一样"。正反疑问句用"一样不一样"提问。

跟 + NP + （不）一样 + A / VO

Subject	Predicate			
	跟	NP	（不）一样	A / V O
这张表	跟	那张（表）	一样。	
上海话	跟	普通话	不一样。	
中国画	跟	油画	一样不一样？	
这个中学	跟	那个（中学）	一样	有名。
这件西服	跟	那件（西服）	不一样	长。
我爸爸	跟	我妈妈	一样	喜欢 中国画。

如果表示比较的两个方面的中心语相同，后一个中心语可以省略。

② 时量补语（2）

带时量补语的句子，如果动词后带助词"了①"，句尾还有助词"了②"，则表示这个动作仍在继续进行。试比较：

（我）已经画了11年了。（现在还在画）

（我）已经画了11年。（未说明现在是否还在画）

在有时量补语的句子里，动词如果带宾语，除了我们已经学过的在宾语后重复动词，再加时量补语（第一个动词可以省略）外，还可以把时量补语放在动词与宾语之间。时量补语和宾语之间可以加"的"。

V	+	Time-measure complement	(+ 的)	+	O	
你要	听	多长时间	（的）		音乐？	
我要	听	半小时	（的）		音乐。	
你	学 了	多长时间	（的）		汉语？	
我	学 了	两年	（的）		汉语。	
你	看 了	多长时间	（的）		画儿	了？
我	看 了	一个半小时	（的）		画儿	了。

注意：当宾语是人称代词时，不能放在时量补语的后边。不能说"我等了一个小时的他"。

③ 连动句（2）：表示工具、方式

本课中的连动句，前一个动词常是后一个动词所表示的动作所采用的工具或方式。例如：

我们坐电梯上楼去。

他每天坐公共汽车回家。

画家用墨和水画中国画。

林娜用汉语介绍西安。

④ "还没（有）+V+呢"

"还没（有）+V+呢"表示事情或情况到现在还没有发生，但将会发生。试比较：

他回家了没有？

他没有回家。（没有说他是不是要回家）

他还没有回家呢。（他会回家的）

5 "好"做结果补语

"好"做结果补语还可以表示完成的意思。如"画好画儿"、"做好练习"、"写好信"、"填好表"、"办好借书证"、"换好人民币"。

6 "是不是"问句（2）

我们在第十课已学过"……，是不是？"的问句。"是不是"不但可以放在句尾，也可以放在句首或句中，所表达的意思基本相同。例如：

他是不是已经来了？（＝他已经来了，是不是？）

是不是林娜真去上海了？（＝林娜真去上海了，是不是？）

这类句子的肯定回答可以用"是啊"，否定回答则还需要针对所问内容加以否定。上面两个例句的否定回答可以分别是：

他没有来。

（不是，）林娜没有去上海。

7 "来 +V/VP"

"来 + V/VP"是口语中常用的句式，这里的"来"并不表示具体动作，而是表示要做某件事情，与不用"来"意思相同。例如：

我来介绍一下。（＝我介绍一下。）

你来试试。（＝你试试。）

五、《课本》汉字知识

汉字的构字法（5）

形声法① 用表示事物类别的字作为形符，再选一个与事物名称声音相同或相近的字作为声符，组合成新字。根据形声字的组合关系，可分为如下几类：

左形右声，这是形声字的基本格式。如：饭、姑、妈、吗、吧、锻、机、快、块、理、们、哪、娜、请、情、物、泳、钟、洲、住、俑、懂、把、馆、证、慢、职、极、样、幅、像、虾、衬、护、试。

六、教师参考语法知识

1 "跟……（不）一样"表示比较

"跟……（不）一样"的正反疑问句也可以用"跟……一样 A/VO 不一样 A/VO"，如"他跟力波一样高不一样高？"。

"跟……（不）一样"除了做谓语、状语外，也常做定语，如"我要买一本跟这本一样的词典"。

"不跟……一样"也是一种否定的格式，但它否定的不是"一样"，而是"跟……"，如"他不跟我一样大，跟宋华一样大"。以上这几点本课均未介绍。

比较事物异同的比较方式，还有一种用"有"的比较句，将在第三册介绍。

2 时量补语（2）

如本课所介绍，带时量补语的句子如句尾有"了②"，一般说来都表示这一动作还将继续下去，如"我们（吃）饭已经吃了一小时了"。但是表示非持续动作的动词（或某一义项）句尾加"了②"，一般不表示动作继续进行，而只表示动作完成后到说话时的持续时间，如"我药已经吃了一小时了"。

像"看了一个半小时的画儿"、"学了两年的汉语"等，虽然用了作为定语标志的结构助词"的"，但"一个半小时"、"两年"仍是补语，而不是定语。

七、教师参考文化知识：齐白石和徐悲鸿

齐白石（1864～1957），湖南湘潭人，中国近现代著名画家、书法家、篆刻家、诗人。出身贫寒家庭，小时候牧牛砍柴，也学过木匠。1888年起跟名师学画，受陈师曾影响很大并吸取吴昌硕之长，专长花鸟画、山水画，融合传统写意画和民间绘画的表现技法，形成独特的艺术风格。曾任中央美术学院名誉教授、中国美术家协会主席、北京中国画院院长，并被中国文化部授予"人民艺术家"的称号，获1955年度国际和平奖金。

徐悲鸿（1895～1953），江苏宜兴人，中国现代著名画家、美术教育家。1919年赴法国留学，在法国国立巴黎高等美术学校学习。1927年回中国，曾任北京大学艺术学院院长等职，倡导现实主义美术，提倡中国画的革新。他擅长油画、中国画，融合中国和西方的绘画技法，形成了自己的风格。他画的马特别有名。新中国成立后，任中央美术学院院长、中华全国美术工作者协会主席等职。北京建有徐悲鸿纪念馆。

八、《综合练习册》中部分练习答案和听力文本

听说练习

2

1 C   2 B   3 D   4 B   5 A

听力文本

① 力波爸爸的爱好是什么？

② 从力波几岁开始，妈妈就教他画中国画？

③ 中国画跟油画一样吗？

④ 他们在美术馆看了什么画？

⑤ 油画常常用布，中国画用什么？

3

听力文本

A: 我小的时候学了很多东西。

B: 你学了什么？

A: 我学了五年音乐、两年中国画、一年油画，还有一年京剧。

B: 啊，你学的东西可真不少！

A: 你呢？

B: 我没学那么多，我只学了六年京剧，我喜欢京剧。

A: 那你的京剧一定唱得很不错了？

B: 马马虎虎。你呢？你喜欢什么？

A: 学的那些我都不太喜欢，我只喜欢旅行。

4

① 跟 ② 怎么，给 ③ 一样，比 ④ 坐，上，去 ⑤ 用

5

听力文本

① 用墨和水画的是中国画。

② 他们想让儿子学钢琴。

③ 每天你锻炼多长的时间？

④ 寄包裹要排 15 分钟的队。

⑤ 做旗袍比做西服慢得多。

6

听力文本

① 你英语说得跟英国人一样。

② 该你了，你填好表了没有？

③ 办证的工作人员太少，慢极了。

④ 林娜可以用汉语介绍上海美术馆。

⑤ 我爸爸比你爸爸老一点儿。

7

【听力文本】

A: 咱们来早了，减肥教室还没开门呢！

B: 咱们先在外面锻炼一会儿吧。

A: 好。…… 你看，我现在怎么样？

B: 你好像比以前瘦了一点儿了！

A: 真的？ 太好了！

B: 那我呢？

A: 你……你还跟以前一样。

B: 咱们一起开始减肥，为什么现在我跟你不一样呢？

A: 我告诉你吧，我还参加了一个晚上的减肥班呢！

B: 啊，你参加的班是不是太多了？

读写练习

7

名　术　油　观

9

（1）跟，不一样　　（2）跟，一样　　（3）跟，一样　　（4）跟，不一样
（5）跟，不一样

10

（1）D　　（2）B　　（3）C　　（4）B　　（5）A

16

（1）✓　　（2）✗　　（3）✗　　（4）✓　　（5）✗

过新年
（复习）

1 复习前五课重点句型和重点词语的用法

本课为复习课，主要复习前五课（也涉及到第一册）所学的重点句型和重点词语的用法，并着重归纳以下两个方面：

（1）汉语句子的六种基本成分

（2）动词谓语句（1）

同时本课要学习以下新的句型和词语的用法：

（1）"因为……所以……"

（2）"……的时候"

（3）连词"或者"

（4）用"呢"构成的省略式问句（2）

（5）副词"又"（1）和"再"（1）

2 掌握本课"问原因"和"催促"等功能项目，能初步就新年祝愿的话题进行交际。

3 掌握汉字

（1）会认、会写基本汉字：九、曲；

（2）会写部件：夫、卌、雨、小、夂；

（3）会认、会写课文中的汉字：（火）锅、因（为）、涮（羊）肉、热、郊区、或（者）、化妆、（民）族、（乐）器、演奏、（习）惯、花（儿）、（照）相（机）、旁（边）、篇、（文）章、恭（喜）、着急、春江（花月）夜。

三、内容说明

1. 本课总结了六种句子成分和 10 种动词谓语句，目的是把各课分散介绍的内容归纳一下，让学习者形成一个初步的系统，而且这一系统今后还将不断地丰富、充实。复习的方法应以操练例句为主，语法知识不需要讲得太多。

2. 本册前五课所介绍的重点句型和重点词语，在本课课文中基本上都得到重现。在讲练课文时，可对这些重现的句型和词语进行复习。比如"画得怎么样"是情态补语；"你说说"、"再等一等"是动词重叠；"你给宋华带什么礼物去"是简单趋向补语；"把出租车叫来了"、"把照相机带去"、"把陆雨平也叫去"是"把"字句；"带吃的、喝的或者用的"是"的"字短语；"你又来晚了"是结果补语；"化妆化了半个小时了"是时量补语；"北京的涮羊肉跟北京烤鸭一样有名"、"它跟西方音乐很不一样"是比较句；"一会儿就好"的"就"表示早、快；"就爱吃火锅"的"就"表示强调。"早点儿走"、"主要是涮羊肉"、"常吃火锅"都是状语修饰动词等。

3. 本课的新句型和词语的用法都不难掌握。其中，"又"和"再"是用法比较复杂的副词，本课所介绍的"表示动作或情况的重复"是这两个词最基本的用法。

"因为……所以……"是本教材第一次专门练习的复句。复句是由两个或两个以上意思上有联系的单句构成的句子。"因为……所以……"属于因果关系的偏正复句。本教材第一、二册以介绍单句为主，只介绍最常用的四组复句。本阶段要求学生能运用这几组复句。复句的全面学习将从第四册开始，主要集中于第五、六册。

课文（一）"跟西方人一样，很多人去旅行"，句中省略了主语"北京人"。

4. 前五课出现了一些常用的口语惯用语，应该较熟练地掌握，如"还可以"、"该你了"、"太麻烦你了"、"好极了"、"好了"、"别忘了……"、"不敢当"、"不一定"、"我说"、"恭喜恭喜"等。

四、《课本》语法与注释

1 "因为……所以……"

"因为……所以……"连接两个分句，构成因果复句。"因为"分句表示原因，一般在前；"所以"分句表示结果，一般在后。也可以只用其中一个连词。例如：

因为大为感冒了，所以他没有来上课。

（因为）他们要去听音乐会，所以得穿得正式一点儿。

因为今天银行排队的人多，（所以）他想明天再去换钱。

2 "……的时候"

"……的时候" 常用来表示某一时间，在句中做状语，说明这段时间发生什么事情。"时候" 的前边可以带动词、动词性短语或主谓短语，充当定语。例如：

上课的时候，老师让我们多说汉语。

去图书馆的时候，别忘了带你的借书证。

天气热的时候，要多喝水。

中国人去朋友家的时候，常送吃的、喝的或者用的。

3 连词 "或者"

连词 "或者" 和 "还是" 都可用来连接两种可能性。"还是" 用在疑问句中，"或者" 一般用在陈述句中。例如：

明天你去找我还是我来找你？

明天我去找你，或者你到我那儿去。

4 用 "呢" 构成的省略式问句（2）

在第七课我们已经学过用 "呢" 构成的省略式问句，它所问的内容要由上下文来决定。本课要学的是，如果没有提供上下文，"NP+呢" 常常是问处所，即 "NP 在哪儿？"，例如：

你的文章呢？ （＝你的文章在哪儿？）

大为呢？ （＝大为在哪儿？）

5 副词 "又"（1）和 "再"（1）

副词 "又"（1）和 "再"（1）都表示动作或情况的重复。"又"（1）一般用于已经发生的重复动作或情况；"再"（1）用于尚未发生的重复动作或情况。例如：

他上午来了，下午又来了。（已发生，不能说 "下午再来了"。）

他上午来了，他说下午再来。（未发生，不能说 "他说下午又来"。）

五、《课本》汉字知识

汉字的构字法（6）

形声法② 右形左声。如：放、翻、刚、故、和、剧、鸭、瓶、颜、邮。

六、教师参考语法知识

1 汉语句子的六种基本成分

汉语句子的六种基本成分，可组成以下基本句式：

（1）主语　　　谓语

　　　我　　　　去。

　　　你　　　　好。

　　　现在　　　七点。

　　　他　　　　头疼。

（2）主语　　＋　谓语动词　＋　宾语

　　　他　　　　　写　　　　　汉字。

（3）主语（定语　＋　中心语）＋　谓语动词　＋　宾语（定语　＋　中心语）

　　　那位　　　老师　　　　教　　　　　中国　　　文学。

（4）主语　　＋　状语　＋　谓语动词／形容词

　　　丁力波　　不　　　　来。

　　　他　　　　很　　　　　　高兴。

（5）主语　＋　谓语动词／形容词　＋　补语

　　　同学们　　学　　　　　　　得很好。

　　　衬衫　　　　　　大　　　两公分。

（6）主语（定语＋中心语）＋状语＋谓语动词＋补语＋宾语（定语＋中心语）

　　　我　　朋友　　已经　　买　　来了　　那本　　书。

2 动词谓语句（1）

带能愿动词的句子，可称为能愿动词谓语句。能愿动词是句中的主要谓语动词，后面的一般动词及其宾语一起做能愿动词的宾语。也有的语法书认为能愿动词在句中起状语的作用，句中的主要动词是能愿动词后面的一般动词。本教材采用前一种观点（见第一册第十一课）。

七、《综合练习册》中部分练习答案和听力文本

听说练习

2

① A ② B ③ C ④ B ⑤ D

听力文本

① 中午王小云他们去宋华家吃什么？

② 北京人常常怎么过新年？

③ 现在的年轻人常常送什么礼物？

④ 大为昨天晚上就坐什么去广州了？

⑤ 为什么要把陆雨平也叫去？

3

① F ② F ③ T ④ F ⑤ T

听力文本

A: 北京为什么有这么多火锅店？

B: 因为现在的北京人都爱吃火锅。

A: 天气太热的时候怎么办呢？

B: 没关系，天气热的时候也可以吃。火锅店里也都有空调。

A: 大家都吃涮羊肉吗？

B: 你可以涮羊肉，也可以涮牛肉，或者涮别的东西。

A: 他们有没有豆腐或者青菜？

B: 当然，很多人都喜欢豆腐和青菜。中国有一句古话，就叫"青菜豆腐保平安"。

A: 是吗？这句话很有意思。

4

① 跟 ② 因为，所以 ③ 别，来 ④ 呢，把 ⑤ 比，多了

5

听力文本

① 北京的涮羊肉和烤鸭都很好吃。

② 她化妆化了一个小时了，还没化好。

③ 刘小红的奶奶每天早上都去公园锻炼。

④　中国民乐主要用一些民族乐器演奏。

⑤　"画蛇添足"是中国古代的一个寓言。

6

[听力文本]

①　你看，力波把出租车叫来了！

②　我晚上要去中国教授家里，得穿得正式一点儿。

③　西方音乐和中国民乐很不一样。

④　《春江花月夜》的乐曲美极了。

⑤　新年好！恭喜恭喜！

7

[听力文本]

林娜、王小云：马教授，新年好！

马教授：林娜、小云，新年好！你们这是要去哪儿呀？

林　娜：我们要去北京音乐厅听新年音乐会。

王小云：我们还要去找一些朋友。

马教授：所以你们都化了漂亮的妆，林娜还穿得很正式。

林　娜：在我们国家，听新年音乐会的时候，大家都穿得很正式。

马教授：北京的新年音乐会跟你们国家的一样吗？

林　娜：好像不太一样，今天晚上的音乐会也有中国的民乐。

王小云：是《春江花月夜》。

马教授：那是中国有名的古曲，你们一定会很喜欢的。

林　娜：马教授，您也穿得很漂亮，也是去听音乐会吗？

马教授：不是，我去朋友家参加一个老同学的聚会。好了，祝你们今天晚上玩儿得
　　　　愉快！再见！

林娜、王小云：也祝您愉快！再见，马教授！

[读写练习]

8

锅　羊　因　以　热　着　旅

10

（1）再　　（2）又　　（3）再　　（4）又　　（5）又

11

（1）D　　（2）C　　（3）B　　（4）D　　（5）C

17

（1）×　　（2）✓　　（3）×　　（4）✓　　（5）×

18

（1）F　　（2）F　　（3）T　　（4）T　　（5）F　　（6）T
（7）T

十五～二十课单元测试（笔试）
Unit Test for Lesson 15 to 20
(Written Exam)

班级 Class：_____

姓名 Name：_____

成绩 Score：_____

测试 1
一~二

一　请把你听到的音节（包括声调）填到横线上。（10%）

Please write down the syllables (including the tones) you hear on the lines.

（共16题，1~12题每题0.5分，13~16题每题1分，共计10分）

1. _____   2. _____   3. _____   4. _____

5. _____   6. _____   7. _____   8. _____

9. _____   10. _____   11. _____   12. _____

13. _____.

14. _____.

15. _____.

16. _____.

二　请听句子，并填写汉字。（12%）

Listen to the following sentences and fill in the blanks with the characters.

（共12题，每题1分，共计12分）

1. 林娜今天穿 _____ 很 _____ 。

2. 你去上海 _____ ？

3. 我等一等他，你们 _____ 吧。

4. 我下星期回英国，这个星期 _____ 从图书馆借的书 _____ 了。

5. 昨天 _____ 今天 _____ 。

6. 那件旗袍380元，这件120元，这件比那件 _____ 。

7. 我们系 _____ 那位有名的教授 _____ 了。

8. 这是1路公共汽车，您 _____ 坐 _____ 。

9. _____ 那儿很冷，_____ 我穿了很多衣服。

10. 你们的票 _____ ？请 _____ 票 _____ 工作人员。

11. 他学汉语的时间跟我的 _____ ，_____ 。

12. 她每天 _____ 公共汽车 _____ ，然后坐电梯 _____ 。

三 请写出下列汉字各有多少笔画。（6%）

How many strokes do the following characters have?

（共12题，每题0.5分，共计6分）

1. 民（　　）　　2. 镑（　　）　　3. 表（　　）　　4. 错（　　）

5. 比（　　）　　6. 绿（　　）　　7. 运（　　）　　8. 糟（　　）

9. 匹（　　）　　10. 游（　　）　　11. 曲（　　）　　12. 恭（　　）

四 请选择下列汉字的意义。（6%）

Find the meanings represented by the characters in the left column and write the corresponding letters in the parentheses.

（共12题，每题0.5分，共计6分）

汉字 Chinese characters	意义 Meanings
1. 千（　　）	a. to fill in, to write
2. 懂（　　）	b. black
3. 新（　　）	c. route
4. 填（　　）	d. to sell
5. 黑（　　）	e. thousand
6. 卖（　　）	f. to sing
7. 路（　　）	g. flower
8. 取（　　）	h. to understand
9. 唱（　　）	i. cloth
10. 布（　　）	j. new
11. 花（　　）	k. hot
12. 热（　　）	l. to take, to get, to fetch

五 请用所给词语组成句子。（12%）

Write sentences with the words and phrases given.

（共6题，每题2分，共计12分）

1. 陈老师　欧洲　了　去

2. 下楼　得　我们　那儿　从　去

3. 她　得　汉语　我　流利　比　说

4. 多　寄　了　比　航空　慢　海运　寄

5. 已经　小时　咱们　了　参观　个　了　两

6. 身体　来　所以　他　舒服　没　因为　不　上课

六 请选择正确的答案。（12%）

Choose the correct answers.

（共12题，每题1分，共计12分）

1. 你们在那儿玩儿 _____ 好吗？
   A. 的　　　　B. 旅行　　　　C. 住　　　　D. 得

2. 我 _____ 参观兵马俑，我去华山了。
   A. 没有　　B. 不　　　　C. 想　　　　D. 还要

3. 今天我们学习语法，你们 _____ 语法书 _____ 了吗？
   A. 学，来　　B. 带，来　　C. 买，去　　D. 填，去

4. 我 _____ 那本书的名字忘了。
   A. 给　　　　B. 想　　　　C. 把　　　　D. 跟

5. 这个商场的售货员比那个商场 _____ 多。
   A. 得　　　　B. 得多　　　C. 很　　　　D. 的

6. 中文词典48元，英文词典68元，中文词典比英文词典 _____ 20元。
   A. 得　　　　B. 贵　　　　C. 用　　　　D. 便宜

7. 这是你的护照，请把名字写 _____ 。
   A. 下　　　　B. 上　　　　C. 来　　　　D. 去

8. 我要 _____ 美国打一个电话，祝妈妈生日快乐。

    A. 在　　　　　B. 从　　　　　C. 到　　　　　D. 往

9. 丁力波的中国画画得怎么样？

    A. 他爱画马。　　　　　　B. 画得很马虎。

    C. 画得马马虎虎。　　　　D. 他爱画虎。

10. 我们起得太早了，图书馆 _____ 没开门呢！

    A. 也　　　　　B. 还　　　　　C. 真　　　　　D. 就

11. 因为今天的练习很多，_____ 我没去听音乐会。

    A. 就　　　　　B. 也　　　　　C. 想　　　　　D. 所以

12. 已经七点半了，你的妆化 _____ 了没有？

    A. 完　　　　　B. 好看　　　　C. 正式　　　　D. 得怎么样

七 请用所给词语造句。（10%）

Make sentences with the words and phrases given.

（共10题，每题1分，共计10分）

1. 就

2. 自己

3. 一会儿

4. 极了

5. 得（děi）

6. 把……给……

7. 不敢当

8. 别的

9. 因为……所以……

10. 或者

八 判断下列句子的语法是否正确。（10%）

Decide whether the following sentences are grammatically correct or wrong.
Write √ for correct, and × for wrong.

（共10题，每题1分，共计10分）

1. 看，该你。 （　　）
2. 三楼到了，是那个办公室，我们进来吧。 （　　）
3. 你们的书可以借两个月吗？ （　　）
4. 衬衫有白的，有黑的，他买了白，我买了黑。 （　　）
5. 老张比小张喜欢极了中国画。 （　　）
6. 我把那些照片都给大家了。 （　　）
7. 宋小姐下午在图书馆等你，别忘了把你的课本带来。 （　　）
8. 林娜很喜欢中国画，大为很喜欢油画，他们的爱好不一样。 （　　）
9. 我们过新年的时候常常出去旅行，或者跟朋友一起吃饭。 （　　）
10. 我把护照忘，你能不能给我带来？ （　　）

九 阅读下面的短文，并回答问题。（12%）

Read the following passage and answer the questions.

（共9题，1~7每题1分，第8题2分，第9题3分，共计12分）

管孩子还是不管孩子

　　我女儿今年14岁，她已经开始不听我们的话了，常常让我和她妈妈生气。我们让她学画画儿，每个星期天我都不休息，跟她一起坐公共汽车到老师家去。可是刚学了两个月，她说画画儿不容易，她不想学了。我们让她学钢琴，把钢琴也买来了。现在刚学了一个月，她说学钢琴跟学画儿一样没意思。我们不知道该怎么办，是不是别的孩子都跟我的女儿一样？

　　昨天我到书店去，想找一本怎么教育孩子的书。售货员给我找出了三本书：一本是《别管孩子》，一本是《孩子不能不管》，还有一本是《管还是不管孩子》。我把三本书都买来了，也都看了，可是三本书的观点一本跟一本不一样。

　　我常常想，应该怎样教育孩子，外国人的观点跟中国人不一样，大人的观点跟孩子不一样，孩子跟孩子也不一样。大人让孩子学钢琴，可是这个孩子可能听到钢琴就头疼；大人想让孩子学画儿，可是孩子喜欢唱京剧。听说外国的孩子下课就可以做自己喜欢的事情，中国的孩子晚上9点还要做练习。我朋友的孩子不用她爸爸妈妈管，可是我女儿……

管孩子还是不管孩子，真是一个大问题啊！

生词　New Words

1	管	guǎn	V	to discipline
2	生气	shēngqì	VO	to get angry, to take offense
3	钢琴	gāngqín	N	piano
4	孩子	háizi	N	child, kid
5	书店	shūdiàn	N	bookstore, bookshop
6	教育	jiàoyù	V	to teach, to educate
7	观点	guāndiǎn	N	opinion

问题　Questions

1. 女儿为什么常常让"我"和她妈妈生气？

2. 每个星期天"我"为什么都不休息？

3. 女儿喜欢学画画儿还是喜欢学钢琴？

4. "我"去书店想找一本什么样的书？

5. 售货员给"我"找出了几本书？

6. 那三本书的观点一样吗？

7. 中国的孩子晚上9点还要做什么？

8. 你觉得西方人教育孩子的方法跟中国人有什么不一样？

9. 你认为应该还是不应该管孩子？为什么？

✚ 请写一段短文，描述一次旅行或购物的经历，下列词语可作为写作提示。（10%）

Please write a short paragraph describing one of your traveling or shopping experiences, considering the following words or phrases as a clue.

（计10分）

喜欢　旅行　去　玩儿　参观　给……介绍　排队　明信片　漂亮　贵　便宜
懂　钱　人民币　礼物　买　照相机

商场　极了　车　颜色　比　贵　便宜　多了　已经　大　长　公分　元　新
旧　听说　一点儿　打折　不是　就　合适　高兴　喜欢

十五～二十课单元测试（笔试）
（教师参考答案）

一

1. cānguān　　2. liúlì　　3. fákuǎn　　4. shēnghuó　　5. piányi

6. héshì　　7. hùzhào　　8. dìtiě　　9. àihào　　10. biéde

11. xíguàn　　12. huòzhě

13. Tāmen Hànyǔ shuō de hěn búcuò.

14. Wǒ jīntiān xiàwǔ bǎ jièshūzhèng gěi tā.

15. Lín Nà bǐ Xiǎoyún gāo liǎng gōngfēn.

16. Zhè fú dà de gēn nà fú xiǎo de yíyàng měi.

二

1. 得，漂亮　　　　　　7. 把，请来

2. 了没有　　　　　　　8. 没有，错

3. 先下楼去　　　　　　9. 因为，所以

4. 得把，还　　　　　　10. 呢，把，给

5. 比，冷一点儿　　　　11. 不一样，比我长两个月

6. 便宜多了　　　　　　12. 坐，回家，上楼去

三

1.（5）　　2.（15）　　3.（8）　　4.（13）　　5.（4）　　6.（11）

7.（7）　　8.（17）　　9.（4）　　10.（12）　　11.（6）　　12.（10）

四

1.（e）　　2.（h）　　3.（j）　　4.（a）　　5.（b）　　6.（d）

7.（c）　　8.（1）　　9.（f）　　10.（i）　　11.（g）　　12.（k）

五

1. 陈老师去欧洲了。

2. 我们得从那儿下楼去。

3. 她汉语说得比我流利。/我汉语说得比她流利。

4. 寄海运比寄航空慢多了。

5. 咱们已经参观了两个小时了。

6. 因为他身体不舒服，所以没来上课。

六

1. D   2. A   3. B   4. C   5. D   6. D   7. B   8. D

9. C   10. B   11. D   12. A

八

1. ×   2. ×   3. √   4. ×   5. ×   6. √   7. ×   8. √

9. √   10. ×

十五～二十课单元测试（口试）
Unit Test for Lesson 15 to 20
(Oral Exam)

注：此单元测试也可在学生之间互测。

一 请回答下列问题。（60%）
Please answer the following questions.

（共12题，每题5分，共计60分）

说明：教师在以下内容中选取12个问题向学生提问（口语测试应每个学生依次进行，并对测试情况进行录音，以便整理和分析），根据学生口头回答的语言表现给出综合评定，包括语音表现、词汇和语法的准确性，具体比例如下：语音表现30%，词汇的准确性30%，语法的准确性40%。

问题 **Questions**

1. 你的姓名/性别/职业是什么？

2. 你喜欢旅行吗？

3. 你汉语学/说得怎么样？

4. 你汉字写得怎么样？写得快不快？

5. 你学汉语学了多长时间了？

6. 你学的是什么课本？

7. 学校图书馆的书可以借多长时间？

8. 你们班谁高？他/她比你高多少公分？

9. 你们班谁大？他/她比你大多少岁？

10. 你常常坐公共汽车/地铁吗？

11. 你喜欢坐地铁还是公共汽车？为什么？

12. 你每次回家要坐多长时间的车？

13. 你喜欢中国画吗？为什么？

14. 中国画和西方油画，你喜欢哪一种？为什么？

15. 你听中国民乐吗？你喜欢哪种中国民族乐器？

16. 你喜欢中国民乐还是西方音乐？为什么？

17. 你知道"画蛇添足"这个成语的意思吗？

二 成段表达。（40%）
Oral expression.

（计40分）

说明：学生在以下内容中抽取两个题目，从中选取一个题目准备5至10分钟后进行口头成段表达，教师根据学生口头的语言表现给出综合评定，包括语音表现、词汇和语法的准确性、内容的充实性，具体比例如下：语音表现25%，词汇的准确性25%，语法的准确性30%，内容的充实性20%。

主题　Topics

1. 说说你的一次旅行经历。

   Please describe one of your traveling experiences.

2. 说说你的一次被罚款的经历。

   Please describe one of your experiences of paying a fine.

3. 说说你的一次购物经历。

   Please describe one of your shopping experiences.

4. 说说你的一次乘车经历。

   Please describe one of your experiences of taking a bus.

5. 说说你听音乐会的一次经历。

   Please describe one of your experiences of listening to a concert.

6. 介绍你的一个好朋友。

   Please introduce one of your good friends.

7. 介绍你最喜爱的一位画家/艺术家。

   Please introduce one of your favorite painters/artists.

我们的队员是从不同国家来的

一、教学目的

1 掌握本课重点句型和重点词语的用法

（1）"是……的"句

（2）方位词

（3）表示存在的句子

（4）语气助词"吧"（2）

（5）名词"以后"

（6）介词"离"

（7）副词"再"（2）

2 掌握本课"强调过去的时间、地点"、"谈方位"等功能项目，并能初步就体育比赛、问路、谈位置等话题进行交际。

3 掌握汉字

（1）会认、会写基本汉字：凡、臣；

（2）会写部件：⺍；

（3）会认、会写课文中的汉字：（不）同、赢、（比）赛、（学）校、（以）后、提（高）、踢、左（边）、右（边）、离、远、拐、卫（生间）、卧（室）、阳台。

二、教学步骤建议（略）

三、内容说明

1. 本课的重点语法是"是……的"句（主要在课文（一）中）和表示存在的句子（主要在课文（二）中）。"是……的"句讲练的重点放在动词"有"和"是"的句子上，并强调这种句子的主语通常是表示方位与处所的名词（方位处所名词前不用加介词"在"），存在的人或事物是宾语，放在句子最后。方位词可结合表示存在的句子，简单介绍一下。

2. 用语气助词"吧"提问也是用得比较多的一种疑问句形式。提问人往往对某一事实或情况有一个估计，但又不能完全肯定，探询对方的看法。这种疑问句应该掌握好。

3. 课文（一）中"他是什么时候从国家队下来的？"，这里用"下来"是因为国家队的级别很高，而现在他成了一般足球队的教练了。

四、《课本》语法与注释

① "是……的"句

"是……的"句可以用来强调说明已经发生的动作的时间、地点、方式等，"是"放在要强调说明的部分之前（有时候"是"也可以省略），"的"放在句尾。否定形式为"不是……的"。

Subject	Predicate				
	是	表示时间、地点、方式等的词语	V	O	的
他	是	去年	来		的。
你们	是	在学院	比赛		的吗？
我们的队员	是	从不同国家	来		的。
你	是	怎么	知道	这件事儿	的？
我们	不是	坐出租车	去	大为家	的。

表示过去发生某件事的一般动词谓语句，跟用"是……的"的动词谓语句所表达的意思是有区别的。请比较：

他是去年去上海的。（强调他去上海的时间是"去年"）

去年他去上海了。（一般地叙述去年发生的事情）

"是……的"句也可以用来强调目的、用途、来源等。例如：

我今天是来问你们问题的。

我是听朋友说的。

② 方位词

"里边"、"外边"、"左边"、"右边"、"上边"、"下边"、"前边"、"后边"、"东边"、"西边"、"南边"、"北边"等都是表示方位的名词，在句中可以做主语、宾语、定语，也可以受定语的修饰。例如：

里边有什么？

邮局在前边。

左边的床是我的。

图书馆外边有很多人。

注意：

（1）方位词做定语，后边一定要用"的"。如"上边的报纸"、"前边的花园"；方位词做中心语时，前边一般不用"的"。如"厨房里边"、"银行北边"。

（2）国名、地名和单位或机构的名称后边不能用"里边"，如只能说"在中国"，不能说"在中国里边"；只能说"在北京"，不能说"在北京里边"；"我在中国银行工作"也不能说成"我在中国银行里边工作"。

③ 表示存在的句子

我们已经学过，要说明某人或某事物存在于某一方位或处所，常用"在"做谓语的主要动词。这种句子的主语通常是存在的人或事物，宾语通常是表示方位与处所的短语。

S（存在的人或事物）	V"在"	O（方位或处所）
我	在	右边。
大为的房子	在	八号楼九层吗？
厨房	不在	客厅的北边。

要说明某个方位或处所存在某人或某事物，常用"有"或"是"做谓语的主要动词。这种句子的主语通常是表示方位与处所的名词或短语，宾语通常是存在的人或事物。

S（方位或处所）	V "有" / "是"	O（存在的人或事物）
卧室外边	有	一个大阳台。
办公室里边	没有	老师。
前边	有没有	一个小花园？
图书馆后边	是	英语系。
阳台东边	不是	卫生间。
你前边	是	谁？

注意：用"是"表示存在跟用"有"表示存在的句子有以下两点不同：

（1）用"有"的句子只是说明某处存在着什么，用"是"的句子是已知某处存在着事物而要进一步说明这事物是什么。

（2）用"有"的句子宾语是不确指的，用"是"的句子的宾语常常是确指的。因此，我们可以说"图书馆前边有一个学院"，而不说"图书馆前边有我们学院"，可以说"图书馆前边是我们学院"或"我们学院在图书馆前边"。

4 语气助词"吧"（2）

语气助词"吧"除了在表示请求、命令或劝告的句子里缓和语气外，还可以用在疑问句中表示估计或不肯定的语气。例如：

我是马大为，您是家美租房公司的经理吧？

今天是十九号吧？

你喜欢听音乐会吧？

5 名词"以后"

"以后"指比现在或所说的某一时间晚的时间，在句中做状语。"以后"（和下一课要学的"以前"）除了单用外，还可以与名词、动词短语、主谓短语等组成短语，如"新年以后、五年以后、开学以后"。"以后"既可以用于过去的事，也可以用于将来的事。例如：

我认识你以后，汉语口语水平提高得很快。

以后我要跟你一起练习普通话。

6 介词"离"

介词"离"常和地点名词构成介宾短语"离 + PW"，放在形容词或动词前，表示距离。例如：

　　　　语言学院离王府井很远。

　　　　北京图书馆离中国银行不太远。

　　我们已经学过："在+PW"表示动作发生的地点，"从+PW"表示动作的起点，"往+PW"表示动作进行的方向。

7　副词"再"（2）

　　副词"再"（2）可以表示一个动作发生在另一个动作结束之后（前一个动词前边常加上副词"先"，构成"先……再……"的结构），或者发生在某一情况或时间之后。例如：

　　　　我们上课以后先翻译生词，再复习课文。

　　　　看完电影再走吧。

五、《课本》汉字知识

汉字的构字法（7）

　　形声法③　上形下声。如：花、寄、蕉、篇、苹、舍、药。

六、教师参考语法知识

1　表示存在的句子

　　汉语中有一种存现句表示事物的存在、出现、消失。存现句又可分为两类：只表示存在的句子叫存在句，表示出现或消失的句子叫隐现句。存现句共同的特点是句首都是表示处所或时间的词语，动词后边才是存在或出现的事物。关于存现句将在第三册详细介绍。

　　本课介绍"表示存在的句子"，重点是含动词"是"和"有"的存在句。本教材早就介绍过用动词"在"表示事物的存在（如"他在宿舍"），这种句子虽然不属存现句的范围，但考虑到重现与复习，本课也涉及这一句型。

2　方位词

　　进一步分析方位词，可将其分为单纯方位词和合成方位词两类。单纯方位词如"上、下、左、右、前、后、里、外、内、中、旁、东、西、南、北"等，都是单音节的。在现代汉语里，单纯方位词用得较少：有时出现在书面语中；有时作为动词或介词（如"在、朝、向、往、从、对"等）的宾语，如"往里走"、"向前看"；有的用在名词或名词短语的前后，构成表处所或时间的短语，如"上星期"、"报上"、"十年后"等。

合成方位词是由单纯方位词后面加上"边"、"面"或"头"构成，像本课所学的"上边"、"下边"、"左边"、"右边"等。合成方位词用的地方很多，如本课所介绍的，可以做主语、宾语、定语、状语和中心语等。

人称代词只能跟合成方位词构成短语，如"我右边"、"她旁边"等，不能说"我右"、"她旁"。

3 语气助词"吧"

我们已经学过用"吗"的问句，用"……，好吗 / 是不是 / 是吗 / 可以吗？"的问句以及本课所介绍的用"吧"的问句，都属于是非问句。

4 介词"离"

介词"离"除了跟地点名词外，也跟时间名词构成介宾短语，表示时间上的距离，如"现在离新年还有十天"。本课尚未介绍这一用法。

七、《综合练习册》中部分练习答案和听力文本

听说练习

2

① C　　② B　　③ A　　④ C　　⑤ D

听力文本

① 上星期留学生队赢了一场什么比赛？
② 留学生队赢了什么队？
③ 留学生队的水平比大学生队怎么样？
④ 大学生队的水平为什么那么高？
⑤ 大学生队的5号在哪边？

3

① T　② F　③ F　④ T　⑤ F　⑥ F　⑦ T　⑧ F

听力文本

（打电话）

A: 请问，您是不是有房子出租？
B: 对，你想租房子吗？

A: 是啊。您的房子离语言学院远不远？

B: 很近，你坐三站公共汽车，就到了。

A: 您的房子多大？

B: 一个大房间有 16 平米，小房间 8 平米，还有厨房和卫生间。

A: 房子旁边有没有商店、邮局和银行？

B: 没有邮局，可是楼下就有一个很大的商店，西边有一个银行，东边还有一个非常
　　漂亮的公园。

A: 是吗？太好了，我每天早上习惯去公园锻炼。

B: 那你先来看看房子吧。

A: 好。从您那儿到语言学院应该坐哪路公共汽车？

B: 很多，有 331、375、307、826、726，都是到语言学院的。

A: 太好了，谢谢您。我去看房子的时候再给您打电话。

4

① 还，问题　　② 是　　③ 比　　④ 从　　⑤ 因为，所以

5

[听力文本]

① 你下车以后得往左拐。

② 记者的职业习惯就是问问题。

③ 卧室在客厅的东边、厨房的北边。

④ 德国队是怎么赢意大利队的？

⑤ 苏州、杭州是跟天堂一样美的两个城市。

6

[听力文本]

① 小区的前边是一个小花园。

② 学院里的邮局离我们的宿舍楼很近。

③ 那位记者也很喜欢踢足球。

④ 这些美国学生都很喜欢他们的国家队。

⑤ 有了一个中国女朋友以后，大为的汉语水平提高得很快。

7

[听力文本]

小燕子：大为，你昨天晚上去哪儿了？我给你打了一晚上的电话。

马大为：对不起，我去看球了，11点多才回来。

小燕子：什么球啊？

马大为：足球，是中国队跟荷兰国家队比赛的。

小燕子：是在哪儿比赛的？

马大为：在北京工人体育场比赛的。

小燕子：最后谁赢了？

马大为：荷兰国家队。

小燕子：他们是怎么赢的？几比几？

马大为：他们上半场、下半场都进了一个球，是2比0赢的。

小燕子：荷兰队的水平更高吧？

马大为：是啊，荷兰队的水平比中国队高得多，所以他们赢了。

读写练习

7

（1）从　　　（2）离　　　（3）从　　　（4）从　　　（5）离

8

（1）C　　　（2）B　　　（3）D　　　（4）A　　　（5）B

14

（1）✗　　　（2）✓　　　（3）✗　　　（4）✓　　　（5）✗

17

（1）两个　　　（2）东边，西边　　　（3）吃的，穿的，用的

（4）不能用来　　　（5）骂人的话

第二十二课
Lesson
22

你看过越剧没有

一、教学目的

1 掌握本课重点句型和重点词语的用法

（1）过去的经验和经历

（2）动量补语

（3）"虽然……但是／可是……"

（4）方位词中"边"的省略

（5）指示代词"这么"

（6）代词"有的"

2 掌握本课"谈过去的经历"、"评价"等功能项目，并能初步就找工作、约会、评论电影戏剧等话题进行交际。

3 掌握汉字

（1）会认、会写基本汉字：旦、戊；

（2）会认、会写课文中的汉字：（越）剧、虽（然）、但（是）、（剧）团、（地方）戏、遍、部、（爱）情、故（事）、座（位）、（红楼）梦、（主）角、特（别）、优（美）、（风）格、种类、访（问）、难。

二、教学步骤建议（略）

三、内容说明

1. 本课的重点语法是用助词"过"表示过去的经验或经历，以及与之相关的动量补语。

动态助词"过"比"了"容易掌握。首先，要让学习者明确"动词＋过"的意义，是表示一个动作（或事情）在过去的某个时间曾经发生过，而且在过去就已结束，强调的是有过这种经验或经历。因此，不是发生在过去的动作或事情不能用"过"；发生在过去的动作或事情，如果要表示有过这种经验或经历，就应该用"过"。如课本的例句"他来过北京，他知道怎么坐车去王府井"，前边的"他来过北京"不能改成"他来了北京"，也不能说"他来北京一次"。"过"的位置一定要在动词之后、宾语之前。否定式用"没有……过"（"过"还要保留，这与"了"不同）。

过去的经验可能不止一次，因此就要用动量补语来表达。动量补语说明动作行为发生的次数。"次"、"遍"是用得最多也是本课要求掌握的动量词（"遍"与"次"不同的是，"遍"强调由头至尾的全过程）。带动量补语的句子，宾语一般放在动量补语之后，只有宾语是代词时，要放在动量补语之前。

动量补语不只是用于表示过去经验的句子中，表示动作完成的句子或经常性动作的句子也能用动量补语。比如"我看了两遍课文"、"我每星期去两次书店"。

在一般情况下，带动量补语的句子很少用否定副词。如果要否定，则用"没有"，它所否定的是动作的"量"，而不是动作本身，如"他没有去过两次上海，只去过一次"。

2. 复句"虽然……但是／可是……"是本课的另一个重点语法。

"虽然……但是／可是……"表示转折关系。"虽然"分句叙述了一个事实，而"但是／可是"分句说出了一个与之相反或部分相反的事实，两句的意思有了转折。如果前一分句省略了关联词语"虽然"，全句转折的语气就缓和一些。

3. 关于方位词中"边"的省略，主要要求掌握"报上"、"书上"、"楼上"、"剧院里"、"书店里"等词语的意义和用法。

本课还要求掌握指示代词"这么"，尤其是"这么好"、"这么感人"以及"这么写"、"这么做"的意义和用法。

本课还要求能用指示代词"有的……，有的……"表达。

 四、《课本》语法与注释

1 **动态助词"过"表示过去的经验或经历**

动态助词"过"放在动词后边，说明某种动作曾在过去发生，常用来强调有过这种经验或经历。例如：

他来过北京，知道怎么坐车去王府井。

我朋友足球踢得很好，他参加过很多比赛。

否定式是"没（有）……过"，如"没有来过"、"没有参加过"。正反疑问式是"……过……没有"，如"来过没有？"、"参加过比赛没有？"

V+ 过 （+O）

Subject	Predicate				
	Adverbial	V	过	O	没有
她		看	过	越剧《红楼梦》。	
丁力波	在加拿大	学	过	中国画。	
我	没有	开	过	车。	
他	从来　没有	用	过	电脑。	
我们	以前	去	过。		
你		唱	过	京剧	没有？

注意：

（1）"过"必须紧跟着动词。如果有宾语，宾语一定要放在"过"后边，例如：应该说"我看过那部电影"，而不能说"我看那部电影过"。

（2）在连动句里要表示过去的经历，"过"一般放在第二个动词后边。例如：

他去西安参观过兵马俑。（不能说：他去过西安参观兵马俑。）

我们去花园小区看过大为的房子。（不能说：我们去过花园小区看大为的房子。）

2 **动量补语**

动量词"次"、"遍"等常和数词结合，放在动词后边，作为动量补语，说明这个动作发生的次数。"遍"除了表示次数以外，还有强调自始至终全过程的意思。例如：

我上星期六打扫过一次。

这部小说我又看了两遍。

动词的宾语如果是名词，动量补语一般放在宾语前；如果是代词，一般放在宾语后。

Subject	Predicate					
	Adverbial	V	过	O (Pr)	Nu + action-measure word	O (N)
林娜		去	过		两次	上海。
丁力波	今天下午 / 又	写	过		一遍	课本上的汉字。
我	以前	来	过	这儿	三次。	
王小云	到学院以后	找	过	她	几次。	

动量补语"一下儿"除了有时表示具体的动量以外，常用来表示动作经历的时间短或表示轻松随便。例如"介绍一下儿"、"等一下儿"（参阅第七课）。

③ "虽然……但是 / 可是……"

"虽然……但是 / 可是……"表示转折的关系。"虽然"可以放在第一个分句主语的前边或后边；"但是 / 可是"必须放在第二个分句的最前边。例如：

虽然他从来没有看过这部小说，但是他很早就听说过。

我虽然喜欢西方的油画，可是不会画油画。

"虽然"可以省略。如：

他（虽然）学汉语的时间不长，但是学得很好。

④ 方位词中"边"的省略

某些方位词如"上边"、"里边"等和前边的名词一起使用时，"边"常常省略。如"报上"、"书上"、"头上"、"小说里"、"家里"、"楼里"、"系里"等。

"上"用在名词后边，可以表示在物体的表面，如"头上"、"身（体）上"；还可以表示在某种事物的范围以内，如"书上"、"报上"。

⑤ 指示代词"这么"

指示代词"这么"（在口语中，"这么"也常常说成 zème）指示性质、状态、方式、程度等，常用来修饰形容词或动词。本课中"这么"是指示程度，又如"这么好的课本"、"这么美的油画"。用来指示方式的，如"这么写"、"这么念"、"这么做"。

⑥ 代词"有的"

代词"有的"做定语时，常指代它所修饰的人或事物中的一部分，可以单用，也可以两三个连用。例如：

有的人喜欢看小说，有的人喜欢听音乐。

有的书是中文的，有的书是英文的，有的书是日文（Japanese）的。

"有的"所修饰的名词如果在前边已经出现过，后边可以省略。例如：

这些衣服有的太长，有的太短。

注意：名词前用"有的"修饰以后，一般不要再放在动词后边做宾语。例如：一般不说"我不太喜欢有的地方戏"，应该说"有的地方戏我不太喜欢"。

五、《课本》汉字知识

汉字的构字法（8）

形声法④　下形上声。如：帮、婆、华、照、您、愿。

六、教师参考语法知识

1　"过"表示过去的经验或经历

　　动态助词"过"表示经验，所指的动作或事情都发生在过去。"了"表完成，一般也是发生在过去（前面介绍过也有发生在将来的）。但是，这两种动词的"态"，所表达的意思是不同的。例如：

　　　　她去（了）上海了。（她现在在上海）

　　　　她去过上海。（她现在不在上海）

后一句表示她有过"去上海的经验"，可以据此说明一个问题，比如说明：她现在知道上海怎么样，她看过外滩夜景，或者她决定这次旅行不去上海了，等等。

　　使用"过"时要注意：不能用来表示经常发生的动作，不能说"我每天都写过汉字"，也不能表示不确定的时间里发生的动作，不能说"晚上我有时候看过电视"。表示经验的"过"后边一般不能再加"了"，如果"过"后面有"了"，这个"过"就不是动态助词而是动词，做结果补语。如"我吃过饭了"（不是说：我有过吃饭的经验，而是表示"已经吃了饭了"）。另外，要注意"过"的位置，即使是动词和宾语结合得比较紧的离合词，"过"也要放在动词和宾语之间，如不能说"我在那个银行排队过"。

　　还有两点是本课暂不介绍的：某些形容词后也能用"过"，如"他现在很瘦，可是以前胖过"；动词与"过"之间还可以插进某些趋向补语或结果补语，如"他回来过"、"我没有写错过这个字"。

2　动量补语

　　用于动量补语的动量词有专用的，如"次"、"遍"、"回"、"趟"、"下"；也有借用的，如"踢一脚"、"说一声"、"看一眼"等。本课尚未介绍。

　　某些形容词之后也能用动量补语，如"灯亮了一下"。

　　在带动量补语的句子里，宾语的位置不限于本课所介绍的规则。当宾语是人名、地名以及对人的称呼时，可以放在补语后，也可以放在补语前。例如：

　　　　我去过两次上海。／我去过上海两次。

　　　　我找过一次老师。／我找过老师一次。

为便于学习者掌握，本课暂不介绍这种比较灵活的句式。只强调名词放在动量补语之后，代词放在动量补语之前。

七、教师参考文化知识：中国的地方戏

中国的戏剧有悠久的历史，两千多年前的春秋时代就出现了最早的戏曲演员。13 世纪的元代是中国古代戏剧发展的高峰，当时有姓名可考的戏曲作家就有 80 多人。杰出的戏剧家关汉卿一生写过 60 多个剧本。

中国的戏曲剧种很多，除京剧流行于全中国，被称为"国剧"外，各地的地方戏剧种有 360 多个。其中浙江的越剧、安徽的黄梅戏、江苏的昆剧、山西的晋剧、河北的梆子、河南的豫剧、四川的川剧、湖北的汉剧、广东的粤剧等在中国的很多地区也很流行。其他著名的地方戏还有河北的评剧、上海的沪剧、陕西的秦腔、西藏的藏戏、新疆的维吾尔族歌剧以及台湾的歌仔戏等。

八、《综合练习册》中部分练习答案和听力文本

听说练习

2

① D　　② A　　③ C　　④ B　　⑤ D

听力文本

① 林娜看过越剧没有？

② 这个越剧团是从哪儿来的？

③ 《红楼梦》是一部什么样的小说？

④ 票是什么时候的？

⑤ 他们想怎么去？

3

① F　② T　③ F　④ F　⑤ T　⑥ T

听力文本

高华：小月，你怎么了？眼睛那么红，你好像哭过吧？

小月：是高华啊，你好。我去看越剧《红楼梦》，哭了半个多小时。

高华：那个剧我也看过，特别感人。可我没哭啊。

小月：你们男人都不习惯哭吧？我看剧院里的女人好像都哭了。

高华：看来全世界的女人都是一样的，上次我女朋友也哭过。

小月：那个故事非常悲伤，他们唱得也非常好。

高华：你是不是又想你的男朋友了？

小月：想也没用，他还在英国呢。

高华：那你让他早点儿来北京吧！

小月：我现在就给他打电话。

4

① 从来　② 过　③ 虽然，可是　④ 篇，遍　⑤ 的，得

5

[听力文本]

① 越剧是一种非常优美的地方戏。

② 《红楼梦》是中国古典小说的代表作。

③ 林娜的嗓子很好，可以学一学唱越剧。

④ 我们打的去访问那位女主角。

⑤ 我以前从来没在电脑上用过中文。

6

[听力文本]

① 我从来没想过我能看懂中文的《红楼梦》。

② 虽然这两位演员的风格不同，但是我都很喜欢。

③ 我们的座位不错，可他的座位比我们还好。

④ 昨天晚上我做了一个很有意思的梦。

⑤ 我们班同学有的去看过西安兵马俑，有的去看过苏州园林。

7

[听力文本]

A：听说你们在中国的时候学过京剧，怎么样？有意思吗？

B：很有意思，可是也很难学。

A：你们学过什么戏？

B：我们有的学唱青衣，有的学唱花旦，所以大家学过的戏也不太一样。

A：你是学唱什么的？

B: 我是学唱青衣的，我学过《苏三起解》。

A: 那部戏我听过，非常感人。

B: 是啊，我也特别喜欢，可是我自己唱得还不太好。

A: 没关系，什么时候你给我们唱一段吧！

B: 行，没问题。

读写练习

8

（1）一下儿　　（2）一次　　（3）一遍　　（4）一次，一下儿　　（5）一次

9

（1）A　　　　（2）C　　　（3）B　　　（4）D　　　（5）B

15

（1）×　　　　（2）✓　　　（3）✓　　　（4）✓　　　（5）×

18

① 越　　② 上海　　③ 过　　④ 了　　⑤ 给　　⑥ 打　　⑦ 星期六

我们爬上长城来了

1 掌握本课重点句型和重点词语的用法

（1）动作即将发生

（2）复合趋向补语

（3）无标志被动句

（4）"多+A/V+啊"表示感叹

（5）同位短语

（6）副词"就"（3）（不要求在本课掌握）

2 掌握本课"谈计划"、"提建议"等功能项目，并能初步就谈旅行计划、谈天气、买飞机票、去饭馆等话题进行交际。

3 掌握汉字

（1）会认、会写基本汉字：山、飞、义、龙、雨、成；

（2）会写部件：段、廾、鸟；

（3）会认、会写课文中已出现的汉字：爬、（放）假、（打）算、顶、（建）议、（气）温、景（色）、（游）泳、冬（天）、夏（天）、导（游）、（长）城、泰（山）、（海南）岛、孔（子）、（小）燕（子）、累、条、拍、秋（天）、阴（天）、（下）雪、零（下）、度。

二、教学步骤建议（略）

三、内容说明

1. 表示动作即将发生的基本句型是"要……了"，也可以用"就要……了"，"快要……了"或"快……了"。前两种句型（用"要"的），可以加上时间状语；后两种句型（用"快"的）不能加时间状语。应提醒学生注意：句子最后的"了"不能缺少。

2. 复合趋向补语跟简单趋向补语一样，是用来表示它前边的动词动作的方向。首先要掌握复合趋向补语的形式和意义。本课介绍了"上、下、进、出、回、过、起"7个趋向动词，与"来/去"分别组合成的13个常用的复合趋向补语（"起"和"去"不能组成复合趋向补语）以及它们的基本意义。这13个复合趋向补语在本课的课文及练习中已全部出现。为了方便学习者，关于带复合趋向补语的句子中宾语的位置，本课只介绍一种——位于趋向补语的中间，即"来/去"之前。复合趋向补语的否定式，是在动词前用"没有"。

复合趋向补语除了表示具体动作的方向外，还有很多引申用法，将在第三册介绍。

3. 无标记被动句，是母语为非汉语的学习者的一大难点。它在形式上与主动句一样，所以掌握这种句子的结构不难。难点在于如何看出句子的被动意义，特别是在什么情况下使用这种句子。学生习惯于用"被"字的被动句，常造出"信被写好了"这样平常不说的句子。据统计，无标志被动句的使用率比有标志被动句高得多，日常生活中大量使用。这也是本书先介绍无标志被动句后介绍"被"字句的原因。

4. 副词"就"（3）表示承接上文的用法比较难，不是在一课中就能掌握的。

四、《课本》语法与注释

1 动作即将发生

"要……了"表示动作或情况很快就要发生。"要"的前边还可以用"就"或"快"做状语，表示时间紧迫。这种句子常常省略主语。

$$要 + V/A\ (+ O) + 了$$

Subject	Predicate				
	Adverbial	要	V / A	(O)	了
		要	开学		了。
（天气）		要	热		了。
他们	明天　就	要	去	泰山	了。
我们	快	要	到	山顶	了。

这种句子通常用带"吗"的疑问句提问。表示否定的回答只用否定副词"没有"或"还没有呢"表示。例如：

A：火车要开了吗？

B：没有。

A：我们就要到海南岛了吗？

B：还没有呢。

注意：

（1）"要……了"、"就要……了"前边可以加时间状语，如"他们明天要走了"、"他们明天就要走了"。但是"快要……了"前边不能加时间状语，不能说"他们明天快要走了"。

（2）"要……了"也可以改为"快……了"，意思一样。如"要放假了" ＝ "快放假了"。

② 复合趋向补语

趋向动词"上、下、进、出、回、过、起"等后边加上简单趋向补语"来"、"去"以后，可以做其他动词的补语，表示动作的方向，构成复合趋向补语，对动作进行具体的描述。例如：

我从山上跑下去。

他们从外边走进来了。

常用的复合趋向补语有：

	上	下	进	出	回	过	起
来	上来	下来	进来	出来	回来	过来	起来
去	上去	下去	进去	出去	回去	过去	×

这些复合趋向补语的基本意义是：

上来 ——to come up   上去—— to go up

下来 ——to come down   下去—— to go down

进来 ——to come in   进去—— to go in

出来 ——to come out   出去—— to go out

回来 ——to come back   回去—— to go back

过来 ——to come over   过去—— to go over

起来 ——to get up

其中，"来、去"所表示的动作的方向与说话人（或所谈论的事物）之间的关系，和简单趋向补语是相同的（参阅第十六课）。

带复合趋向补语的动词之后如果有宾语，且宾语是表示处所的词或短语，宾语一定要放在"来、去"之前。例如：

我们爬上长城来了。

我要多拍些照片寄回家去。

3 无标志被动句

汉语中有些句子的主语是受事，它在形式上和主语是施事的句子并没有区别，只是有很明显的被动意义，是无标志的意义上的被动句。这种句子常用来强调对动作对象的说明，主语一般是某种事物，而且是确指的。例如：

越剧票已经买好了。

那部小说看过没有？

饭已经做好了，还没有拿进去。

4 "多 +A/V+ 啊"表示感叹

"多 +A/V+ 啊"常用在表达强烈感情的感叹句中。副词"多"用在形容词或某些动词前做状语，句尾常有语气助词"啊"。例如：

她的汉字写得多漂亮啊！

《红楼梦》这部小说多感人啊！

我多喜欢长城的景色啊！

以前学过的"太……了"也是一种感叹句。

5 同位短语

"力波、大为他们"是同位短语，"力波、大为"就是"他们"，"他们"就是"力波、大为"。又如"小云她们"、"我们大家"。我们学过的"张介元教授"、"王经理"也都是同位短语。

6 副词"就"（3）

副词"就"（3）表示承接上文，得出结论。例如：

爬上山以后，他们都觉得有点儿累，就坐下来休息。

王贵觉得很不好意思，就问张才："刚才它跟你说什么了？"

五、《课本》汉字知识

汉字的构字法（9）

形声法⑤ 内形外声。如：问、闷、闻。这类形声字很少。

六、教师参考语法知识

1　表示动作即将发生

"要……了"、"就要……了"、"快要……了"或"快……了"的句尾都有语气助词"了",表示动作或事情的实现或完成,而前边的"要"、"快"表示已接近这一实现或完成。所以这些句型可以用来表示某一动作或事情即将发生。

2　复合趋向补语

复合趋向补语由两个趋向动词构成,前一趋向动词"上、下、进、出、回、过、起"表示动作的方向;后一趋向动词"来、去"表示说话人的立足点。

据统计,日常使用的带复合趋向补语的句子中,绝大部分是没有宾语的;如果有宾语,大多数也是将宾语放在"来/去"之前的。所以本教材先只介绍这一种宾语的位置。

如果宾语是表示一般事物(而不是处所)的名词,宾语除了放在"来/去"之前,也可以放在"来/去"之后,即整个趋向补语的后边,如"买来一本书"、"送过去一张照片"。

宾语放在"来/去"之前,既可表示动作已完成,也可表示动作未完成,还可以用在命令句中;宾语放在"来/去"之后,多表示动作已完成。如果宾语是抽象名词,则只能放在"来/去"之后,如"带来了困难"、"传过来歌声"。这种情况在目前的学习阶段还不常碰到。

3　无标记被动句

无标记被动句也称为意义上的被动句,主语是受事者,而句中又没有表示被动句的标志(如"被"),形式上与主动句完全一样。要辨别是不是被动句,首先要看其受事主语。这类句子的受事主语通常是无生命体,像"机票买好了"、"衣服洗得很干净"、"客厅已经打扫了"等。主语也可能是生命体,但不能作为施动者发出句中的动作,如"小偷抓住了"、"小孩救上来了"等(小偷不能抓自己,小孩也不能救自己)。所以它所表示的被动意义还是很明显的,能看得出来,一般不会产生误解(如果估计会产生误解,就必须用"被"字句)。

为什么要用无标记被动句?从语义上看,这类句子为了着重说明受事者受到某种动作的影响,是为了回答"受事者怎么样了"的问题。如"他写信了"回答"他做什么了","信写好了"回答"信呢?信怎么样?"。

4　"多+A/V+啊"感叹句

按句子的用途分,我们已经介绍了四种单句:

（1）陈述句——陈述说明某件事情，提供新信息

　　　这次我想去海南岛旅行。

　　　今天这儿的气温是零下十度。

（2）疑问句——提出某个问题，希望得到新的信息

　　　要放假了，同学们有什么打算？

　　　力波，大为他们呢？

（3）祈使句——提出某个要求，请对话者做某件事

　　　请把本子交到老师那儿。

　　　别说话！

　　　让我们一起来做吧！

（4）感叹句——表达自己的情感

　　　这儿的景色多美啊！

　　　太好了！

5　同位短语

　　两个或两个以上的词同指一个对象，就构成同位短语，构成同位短语的词可以是名词、代词，有时也有数量词。同位项之间是概括和具体的关系，一般情况是表示概括的词在前，表示具体的词在后，也有反过来的情况。

同位短语			
概括——具体		具体——概括	
教授	张××	张××	教授
记者	陆雨平	陆雨平	记者
		林娜	她们

 七、教师参考文化知识：孔子和泰山

　　孔子（公元前551～前479年）名丘，鲁国（今山东曲阜东南）人。是中国春秋末期的思想家、政治家、教育家，儒家学说的创始人。先世是宋国的贵族，少年时代贫贱困苦，自学出身。中年从事讲学和一些政治活动。50岁时在鲁国做官。由于政治上失意，曾周游列国屡受挫折，晚年致力于教育，整理《诗经》《尚书》等古代文献，删修鲁国史官所记《春秋》，成为中国第一部编年史的历史著作。他有弟子三千人，其中著名的有七十多人。孔子学说的中心是"仁"，认为"仁"就是爱人。在教育思想方面他提出许多鲜明的主张。自汉朝以后，孔子被列代统治者尊为圣人，孔子的学说也成为两千多年来中国封建文化的正统。

在孔子的出生地山东曲阜，现有著名的孔庙（纪念、祭祀孔子的地方）、孔府（孔子后代直系子孙的住宅）及孔林（孔子及其后代的墓地），是全国重点文化保护单位，也是中国的旅游胜地之一。

泰山是中国五大名山（东岳泰山、南岳衡山、西岳华山、北岳恒山、中岳嵩山）之首，主峰在山东省泰安城北，海拔 1545 米。古代帝王登基多来泰山祭告天地，因此，泰山有历史文化古迹两千多处，是中国有名的旅游胜地之一。

八、《综合练习册》中部分练习答案和听力文本

听说练习

2

1 C　　2 B　　3 C　　4 D　　5 A

听力文本

1 小云放假以后的打算是什么？

2 林娜要跟谁一起去海南岛？

3 什么票已经买好了？

4 旅行的事儿谁知道得很多？

5 大为还建议放假以前大家一起去做什么？

3

1 F　　2 F　　3 T　　4 F　　5 T

听力文本

宋华：男：林娜，加油！快要到山顶了！

林娜：宋华，还有多少级台阶呀？

宋华：还有 50 多级，要我帮忙吗？

林娜：不用，谢谢。我要自己爬上泰山去。

宋华：你爬上来的时候，太阳也快要出来了。

　　　　＊　　＊　　＊　　＊

林娜：啊，我爬上来了！泰山真是太高了！

宋华：你累了吧？先喝点儿水吧。

林娜：你也坐下来休息一会儿吧。……

宋华：林娜，快看，太阳出来了！

林娜：泰山日出！多美啊，我真是太喜欢了！

4

① 出来　② 景色，夏天　③ 条　④ 过，上去　⑤ 进，去

5

（听力文本）

① 那部乐曲演奏得很优美。

② 这件旗袍多便宜啊！

③ 下雪的景色你以前看过吗？

④ 她想多拍些照片寄回国去。

⑤ 糟糕，我把上学期学过的太极拳都忘了！

6

（听力文本）

① 他们快要从长城上走下来了。

② 在海南岛冬天也可以过夏天的生活。

③ 先从山下爬上去，再从山顶走下来，一共用了五个多小时。

④ 放假以后你有什么打算？

⑤ 今天是阴天，可能快要下雪了。

7

（听力文本）

A: 陈老师，你去过华山吗？

B: 华山我去过一次，是在上大学的时候去的。

A: 去华山怎么走比较好？

B: 你们如果想去看兵马俑，就可以先坐火车到华山，爬了华山以后再坐汽车去看兵马俑。

A: 华山离兵马俑远不远？

B: 不太远，坐车几个小时就到了。

A: 华山的景色怎么样？

B: 华山是中国很有名的山，很高，有些地方很危险，想爬上去不太容易，但山顶的景色很美。

A: 太好了，我们一定要去爬一下华山。

读写练习

7

（1）上，来／下，来　（2）回，去　（3）回，来　（4）下去　（5）进，来

8

（1）好　　（2）吗　　（3）下来，离　（4）了，张　（5）对了，过

13

（1）×　　（2）✓　　（3）✓　　（4）×　　（5）×

15

1.①好　　②从　　③左　　④右　　⑤游　　⑥了　　⑦来
　⑧会　　⑨下来

2.

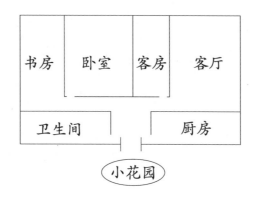

第二十四课

Lesson 24

你舅妈也开始用电脑了

一、教学目的

1 掌握本课重点句型和重点词语的用法

（1）了②：表情况的变化（1）

（2）动作的进行

（3）“不但……而且……”

（4）“从……到……”

（5）介词“向”

（6）副词“还”（3）

2 掌握本课“谈正在进行的动作”、“谈变化”等功能项目，并能初步就家庭生活情况以及到机场和车站接人或送行等话题进行交际。

3 掌握汉字

（1）会认、会写基本汉字：农、而、入；

（2）会写部件：臼、⺪、亦、氏；

（3）会认、会写课文中的汉字：舅（妈）、蔬菜、变（化）、（小）孩、向、（年）级、辛苦、收（入）、盖、辆、（城）市、村、低、技（术）、管（理）。

二、教学步骤建议（略）

三、内容说明

1. 语气助词“了”表示变化涉及很多句型，在理解句义方面也有一定的难度。本课只介绍以下几种：

（1）形容词谓语句　　　　　　　　现在天气冷了。

（2）"是"字句　　　　　　　　　　你是大学生了。

（3）"有"字句　　　　　　　　　　我有男朋友了。

（4）一般动词谓语句　　　　　　　现在他当蔬菜公司的经理了。

（5）用副词"不"否定的动词谓语句　她这次不来了。

又以其中的（1）、（2）、（3）、（5）为主，其余表变化的句型（像主谓谓语句、能愿动词谓语句、名词谓语句等）将在第三册介绍。

2. 表动作进行的句式本课只介绍"在……（呢）"、"正在……（呢）"和"……呢"这三种（其他还有"正……（呢）"暂不介绍）。本语法点比较容易理解，可充分利用图片练习，并要求掌握疑问句式及否定句式。

3. 复句"不但……而且……"以及介词结构"从……到……"、介词"向"和副词"还"（3）等用法，与学生的母语对照，一般不难掌握。

四、《课本》语法与注释

1　了②: 表情况的变化（1）

助词"了②"用在句尾，可以表示情况发生了变化，出现了新的情况或状态。这种用法常出现在形容词谓语句、"是"字句和"有"字句里。例如：

你舅舅也老了。　　（以前不老）

现在天气冷了。　　（以前不冷）

雪大了。　　　　　（以前不大）

你是大学生了。　　（以前不是）

我有男朋友了。　　（以前没有）

一般动词谓语句里的助词"了②"常常是肯定某件事情或某种情况已经完成或实现（参阅第十五课），有时候也可以表示情况的变化。例如：

现在他当蔬菜公司的经理了。（以前没当）

你舅妈也开始用电脑了。　　（以前没用）

（她）上大学二年级了。　　　（以前没上）

用否定副词"不"的动词谓语句句末的"了"也常表示变化。例如：

她这次不来了。　　（以前打算来）

他不认识我了。　　（以前认识）

2　动作的进行

在动词前加副词"在"、"正在"或在句尾加"呢",表示动作处在进行的阶段,"正在"更强调在某一时间动作的进行状态。"在"、"正在"也可以和"呢"同时使用。

$$正在 / 在 + V + O （+ 呢）$$

Subject	Predicate			
	正在 / 在	V	O	Pt "呢"
你	在	做	什么?	
我	在	写	汉字。	
力波	（现在）正在	念	课文。	
林娜她们	正在	看	越剧《红楼梦》	呢。
你舅妈		种	温室蔬菜	呢。

否定形式常单独用"没有",或者"没在 +V"、"没有 +V"。例如:

A：他在看地图吗?

B₁：没有,他在看照片。

B₂：没有。

B₃：他没在看地图,他在看照片。

B₄：他没（有）看地图,他在看照片。

进行的动作可以发生在现在,也可以发生在过去或将来。例如:

A：小云,你在写什么呢?

B：我在写文章呢。　　　　　　　　　　　　　　（现在）

昨天下午他给我打电话的时候,我正在看报。　　　（过去）

下星期六晚上你去找他的时候,他一定在复习语法呢。　（将来）

3　"不但……而且……"

"不但……而且……"用在表示递进关系的复句里。如果两个分句的主语相同,一般主语放在第一分句"不但"的前面;如果两个分句的主语不同,"不但"和"而且"一般分别放在两个分句的主语前边。例如:

张教授不但是我的汉语老师,而且也是我的中国朋友。

我们不但盖了一座小楼,而且还买了一辆汽车。

不但他不认识我了,而且我也不认识他了。

不但中国人喜欢《红楼梦》,而且外国人也很喜欢这部小说。

在后一个分句中，"而且"常与副词"也、还"等连用。

4 "从……到……"

"从……到……"结构中，可以嵌入处所词语或时间词语，表示空间或时间上的距离。例如：

> 从美国到中国很远。
>
> 从广州到海南岛不太远。
>
> 他从去年9月到今年6月在语言学院学习中国文学。
>
> 我每天从下午1点到3点去锻炼身体。

5 介词"向"

介词"向"表示动作的方向。例如"向东看"、"向图书馆走去"、"向他问好"。

6 副词"还"（3）

这里的副词"还"（3）表示在比较之下，程度上有所加深。例如：

> 今天比昨天还冷。　　　　　　　（昨天已经很冷了）
>
> 您的生活水平比城里人的还高。（城里人的生活水平已经很高了）

五、《课本》汉字知识

汉字的构字法（10）

形声法⑥　外形内声。如：园、房、府、厅、进、历、座、裹。

六、教师参考语法知识

1　了②：表情况的变化（1）

除了已经学过的动作或事情的完成与实现、过去的经验或经历、动作即将发生等以外，本课将要介绍的情况的变化和动作的进行，也都是动词的"态"。

有的语法书把情况的变化称作"变化态"。语气助词"了"常用来表示情况发生了变化或出现了新的情况或状态。这种"变化态"在形容词谓语句、名词谓语句、主谓谓语句以及一些无主句等带语气助词"了"时，体现得非常明显。例如：

一般陈述	表示情况变化	
树叶很红。	树叶红了。	（前几天还不红）
今天星期四。	今天星期四了。	（时间过得真快）
他十八岁。	他十八岁了。	（他不再是小孩子了）
我身体很好。	我身体好了。	（以前身体不好）
下雪呢。	下雪了。	（从没有下雪到开始下雪）

在动词谓语句中，"是"字句、"有"字句、带能愿动词或动词前有否定副词的句子等带语气助词"了"时，变化的意思也比较清楚。例如：

一般陈述	表示情况变化	
现在是冬天。	现在是冬天了。	（由秋天进入冬天）
这儿有书店。	这儿有书店了。	（原来没有）
他会游泳。	他会游泳了。	（原来不会）
她不去泰山。	她不去泰山了。	（她改变了主意）

有些一般动词，像课文中的"开始"、"当"、"上"等，带语气助词"了"表示变化的意思也较明显。但很多做谓语的动作动词带句尾的"了"时，是表示完成还是表示变化，有时就不太清楚（如"我做完练习了"）。其实表示动作完成或实现，也常常指的是变化的完成或实现；表示情况的变化，也大都是完成了的变化。这说明两者关系很密切。甚至在表动作即将发生的"要……了"中（如"要上课了"），句尾的"了"也表示了一种变化和新情况的快要出现。

② 动作的进行

本课所介绍的表示动作进行的几种句型中，"在+V"是最基本的，也用得最多。"正在+V"则强调在某一时间动作的进行状态。例如：

A：他在做什么？

B：他在写汉字。

A：你去他家的时候，他正在做什么？

B：他正在看电视。

如果动作进行的过程比较长，或者是一种经常性的动作，只能用"在"。例如：

地球在转。　　　　（不能说"地球正在转。"）

我们每天都在学习汉语。（不能说"我们每天都正在学习汉语。"）

"呢"在表示动作正在进行的句子中，含有提示听话人注意的语气。例如：

他（在）休息呢。（现在不要给他打电话）

正在刮风呢。　　（快把窗户关上）

七、《综合练习册》中部分练习答案和听力文本

听说练习

2

①　B　②　A　③　D　④　C　⑤　B

听力文本

① 王小云和丁力波在火车站等谁？

② 她舅舅是从哪儿来的？

③ 舅舅在看什么？

④ 舅舅来过北京吗？

⑤ 谁现在是大姑娘了？

3

①　F　②　F　③　T　④　F　⑤　T

听力文本

小云：喂，是舅妈吗？我是小云啊！

舅妈：是小云啊！见到你舅舅了吗？

小云：见到了。舅舅很好，您放心吧。您的身体怎么样？

舅妈：我的身体比以前好多了，就是现在天冷了，又很忙，常常腰疼。

小云：那您得多休息。舅妈，听舅舅说你们家不但盖了楼，还买了汽车，多好啊！我真想现在就去你们那儿看一看。

舅妈：好啊，你什么时候有时间就来吧，在这儿住几个星期，我还想跟你好好学学电脑呢！

小云：没问题，今年我一定要去看你们。

舅妈：那我们等你，你来以前给我们打电话吧！

小云：好，舅妈，再见。

舅妈：小云再见。

4

①　比，还　②　了，了　③　在　④　不但，还　⑤　都，会

5

【听力文本】

① 种温室蔬菜没有新技术不行。

② 那个中年人很像我舅舅。

③ 很多大学的图书馆都用电脑管理书和报纸。

④ 那座18层高的宿舍楼盖起来了。

⑤ 他正在邮局寄包裹呢。

6

【听力文本】

① 他们村吃的、住的、穿的都跟城里人一样。

② 农民都想提高文化水平。

③ 他正在向一位司机问路呢。

④ 你们有电脑课了。

⑤ 从圣诞节到新年北京都在下雪。

【读写练习】

8

（1）虽然，但是 / 可是   （4）不但，而且

（2）不但，而且   （5）虽然，但是 / 可是

（3）因为，所以

9

（1）D   （2）C   （3）B   （4）B   （5）C

15

（1）×   （2）×   （3）√   （4）×   （5）√

16

（1）F   （2）T   （3）T   （4）F   （5）T

第二十五课
Lesson
25

司机开着车送我们到医院

1 掌握本课重点句型和重点词语的用法

（1）动作或状态的持续

（2）"被"字句

（3）结果补语"到"、"在"

（4）"如果……就……"

（5）"第"表示序数

（6）"到+PW+来/去"

（7）副词"又"（2）

2 掌握本课"叙述事情的经过"、"抱怨"等功能项目，并能初步就叙述一件事情、问候病人等话题进行交际。

3 掌握汉字

（1）会认、会写基本汉字：壬、束；

（2）会认、会写课文中的汉字：被、撞、伤、第、检（查）、完、胳膊、腿、骑、注（意）、停、如（果）、躺、（电）视、桌（子）、结（果）、弯、倒霉、坏、消（息）、（小）偷、派（出所）、抓、丢。

三、内容说明

1. 本课的重点语法是"着"表示动作或状态的持续和"被"字句

介绍"着"表示动作或状态的持续，首先要让学习者理解什么是动作或状态的持续。本课出现的"说着、笑着、骑着（自行车）、开着（车）"以及像"吃着、写着、走着"等都表示动作的持续；本课出现的"穿着、躺着、弯着、（门）开着"，以及像"坐着、放着"等，都是动作（"穿、躺、弯、开、坐、放"等）发生以后所产生的状态在持续下去。

本课要求掌握"着"表示动作或状态持续的三个句型：（1）"我们说着、笑着"、"宿舍的门开着"（V+着）；（2）"她穿着一件新衬衫"（V+着+O）；（3）"我们骑着自行车回学院"、"她躺着看电视"（V_1+着+O_1+V_2+O_2）。同时要掌握动词带"着"的否定句和正反疑问句式。

"V+着"和"在"、"还在"、"呢"等词连用，不要作为练习的重点。

2. "被"字句

第二十三课已经介绍过，汉语表示被动的句子（特别是在口语中）用得最多的是无标志被动句。但是当主语是生命体，它与谓语动词在语义上既可能是被动关系，也可能是施动关系时，为了明确说明主语是受事者或者为了指出施事者，则必须用"被"字句。

本课要求掌握"被"字句的三个句型：（1）他被撞了（被+V）；（2）他被人撞了（被+人+V）；（3）他被派出所抓到了（被+O+V）。同时要掌握"被"字句的否定式（在"被"前用"没有"）和正反疑问式（V+了没有）。还要提醒学习者，"被"字句和"把"字句一样，动词后面也必须有附加成分，本课动词后面的附加成分大都是结果补语或者语气助词"了"。

四、《课本》语法与注释

1 动作或状态的持续

动态助词"着"加在动词后边，表示动作或状态的持续。例如：

我们说着、笑着。

林娜宿舍的门开着。

胳膊就这么弯着。

她穿着红色的旗袍。

"V+着（+O）"在连动句中常用来描述后一动词所代表的动作进行的方式，强调这两个动作同时进行。例如：

> 我们骑着自行车回学院。
>
> 他笑着说："应该祝贺你！"
>
> 你们还带着花儿来看我。

否定式是"没（有）+V+着"；正反疑问句式是"V+着+没有"。例如：

> A：电视开着没有？
>
> B：电视没有开着。
>
> A：你带着护照没有？
>
> B：我没带着护照。
>
> 他没有躺着看电视，他坐着看电视呢。

"V+着"常和"在"、"正在"、"呢"等词连用。例如：

> 林娜躺着看电视呢。
>
> 他正在打着电话呢。
>
> 他在开着车呢。

> 注意：带"着"的动词短语后不能再带任何补语，不能说"他写着汉字写十分钟"。

2 "被"字句

汉语中除了无标志被动句外，还有一种用介词"被"（口语中常用"叫"或"让"）等表示被动的句子，用来强调主语是受事者或者指出施事者。

$$S（受事者）+被+O（施事者）+V（+Other element）$$

Subject	Predicate			
	被	O（施事者）	V	Other element
我的自行车	被	小偷	偷	走了。
那本小说	被	我同学	借	去了。
那套西服	被	人	买	走了没有？
她的新照相机	让	她弟弟	撞	坏了。
小偷	叫	谁	抓	到了？

如果不需要指出施事者，可以将"被"直接放在动词前（但"叫"或"让"不能这样直接放在动词前）。例如：

我的胳膊被撞伤了。

自行车被偷了。

注意：否定副词或能愿动词一定要放在"被"（"叫"、"让"）的前边。例如：

这本小说没有被借走。（不能说"这本小说被没有借走。"）

那套西服明天会被人买走。（不能说"那套西服明天被人会买走。"）

3　结果补语"到"、"在"

动词"到"做结果补语常表示动作达到了目的。例如：

小偷被抓到了，我丢的车也找到了。

A：你去买那本词典了没有？

B：我去买了，可是我没有买到。

或者表示动作达到某处（宾语为地点词语）或持续到某一时间（宾语为时间词语）。例如：

她撞到了车上。

我们学到第二十五课了。

他晚上写汉字常常写到十点。

动词"在"做结果补语常表示人或事物通过动作而存在于某处（宾语为地点词语）。例如：

他让我躺在床上休息休息。

那位司机的车停在路边。

花儿放在桌子上。

他住在二楼。

4　"如果……就……"

前一分句用连词"如果"提出假设，后一句说明在这种情况下会出现的结果。后一句中出现的"就"（3）常表示承接上文作出结论。前边的分句也可以省略"如果"。例如：

如果明天天气不好，我们就不去了。

如果有问题，你就打电话找我。

（如果）你昨天来，就看见他了。

5　"第"表示序数

数词前加词头"第"表示序数，如"第一课"、"第三医院"、"第十天"、"第十五个月"等。有时数词本身也可以表示序数，"第"可省略，如我们已经学过的"一楼"、"四〇二号"、"二年级"。

6 "到 +PW+ 来 / 去"

"到+PW+来/去" 与 "来 / 去+PW" 意思差不多。如 "到学院来"（="来学院"）、"到上海去"（="去上海"）。

7 副词 "又"（2）

副词 "又"（2）表示在某个范围以外有所补充，而并非同一事情的重复。例如：

他昨天去了王府井，又看了电影。

司机送林娜到医院，又帮她交了医药费。

五、《课本》汉字知识

区分同音字

汉语普通话有意义的带声调的音节只有 1300 多个，而常用汉字就有 3500 个。因此，一个音节往往有好几个汉字，这几个汉字叫做 "同音字"，如 yóu 这个音节，我们学过的汉字就有 "游、邮、油"。同音字是靠不同的字形来区分的。所以，学习同音字时，一定要从字形、字义和词语组合等方面进行比较，加以区分。如 "导游" 不能写成 "导油" 或 "导邮"，"游泳" 也不能写成 "油泳" 或 "邮泳"。

六、教师参考语法知识

1 动作或状态的持续

动作的持续与动作的进行是不同的；"在"、"正在" 叙述动作发生的状态；"着" 则描写动作主体的整个状态。试比较：

A：她在做什么？

B：她在穿衣服。（叙述穿衣服的动作）

A：她今天穿的是什么衣服？

B：她今天穿着一件新旗袍。（描写她的服装、打扮）

A：他在开车吗？

B：没有，他在骑车。（叙述动作）

A：他今天怎么去学校？

B：他今天骑着车去学校。（描写他去学校的方式）

"着"与"在"、"正在"或"呢"等表示动作正在进行的词连用，"着"本身并不表示"动作进行"。在这类句中仍然是"在"、"正在"或"呢"表示动作的进行。如果不是带"V+着"的连动句，把句中的"着"去掉，句子的意思不变，如"他正在打着电话呢"与"他正在打电话呢"意思一样。

有的语法书把"V_1+着+O_1+V_2+O_2"中的"V_1+着+O_1"看作是状语。

② "被"字句

"被"字句较多用于书面语，被动意味比无标记被动句强。而且"被"字句所表达的内容常常是不如意的事情（现在表示中性甚至是褒义的"被"字句也愈来愈多）。

"叫"、"让"（还有"给"）的被动句一般用于口语，书面语中用得较少。用"叫"、"让"，后面一定要有施事者（宾语）。"给"的后面可以有，也可以没有施事者。

汉语中表示被动的，不只是被字句和无标志被动句，像我们已介绍过的"是……的"句以及以后要介绍的动词谓语为"受"、"挨"、"遭"的句子，用介词"由"的"由"字句等也都是被动句。

七、《综合练习册》中部分练习答案和听力文本

听说练习

②

① C ② A ③ A ④ B ⑤ C

听力文本

① 林娜怎么了？

② 是谁送她到医院的？

③ 谁给宋华打了电话？

④ 林娜的伤重不重？

⑤ 林娜撞到车上的时候，那位汽车司机正在做什么呢？

③

① F ② F ③ T ④ F ⑤ T

听力文本

（打电话）

刘警官：喂，是马大为吗？

马大为：是啊，您是哪位？

刘警官：我是东升派出所的警察，我姓刘。

马大为：刘警官您好，找我有什么事儿吗？

刘警官：我们想问一下，你是不是上个星期丢了一辆自行车？

马大为：对啊，就是上个星期六晚上丢的。

刘警官：你的车是放在什么地方的？

马大为：那天我到城里去看朋友，车放在学院前边的公共汽车站了。

刘警官：你的车是什么牌子的？什么颜色？

马大为：黑色的，永久牌。

刘警官：你是哪天告诉派出所的？

马大为：我星期天早上就告诉派出所了。

刘警官：你的车已经找到了，你现在就可以到派出所来取。

马大为：真的？太好了！谢谢你们，我马上就去拿。

4

① 着，着，向　　② 有，着　　③ 被，但是　　④ 在，到

⑤ 如果，就

5

〔听力文本〕

① 医药费很贵，一共花了 600 多块钱。

② 我同学的胳膊被一辆自行车撞伤了。

③ 圣诞节的时候，我们要开着车去郊区旅行。

④ 真倒霉，我的信用卡又丢了！

⑤ 检查的结果很糟糕。

6

〔听力文本〕

① 偷汽车的小偷被抓住了。

② 我得先去银行，再去商店买东西。

③ 如果那位司机开着车，林娜就会被撞得很重。

④ 爸爸把刚买的明信片丢了。

⑤ 那个美术馆太大了，我们上次没有参观完。

7

[听力文本]

A: 真倒霉!

B: 怎么了? 你的自行车又丢了吗?

A: 不是, 我昨天的语法考试没考好, 今天的口语考试又记错了时间。

B: 你以为是几点了?

A: 我以为是下午考试, 可是上午10点已经考过了。

B: 真糟糕! 那怎么办啊?

A: 我刚去办公室找了杨老师, 他说可以等下个学期开始的时候再考一次。

B: 如果是这样, 你放假就不能回国去了吧?

A: 可不, 我正在想这件事儿呢! ……

[读写练习]

6

(1) 遍 变 便　　(2) 第 地 弟弟　　(3) 游 东 邮 钱 游 冬 前 油
(4) 公 工 恭　　(5) 化 画 话

8

(1) 着　　(2) 到　　(3) 在, 到　　(4) 着, 到　　(5) 在

9

(1) 虽然, 但是 / 可是　　(2) 在, 上　　(3) 时候, 着　　(4) 被, 走
(5) 着, 呢, 去 / 来

15

(1) √　　　(2) ×　　　(3) ×　　　(4) √　　　(5) ×

16

(1) F　　　(2) T　　　(3) F　　　(4) F　　　(5) T　　　(6) F
(7) T

你快要成"中国通"了

（复习）

一、教学目的

1 复习前五课重点句型和重点词语的用法

本课为复习课，主要复习前五课（也涉及第二册前六课和第一册）所学的重点句型和重点词语的用法，并着重归纳以下三个方面：

（1）动词谓语句（2）

（2）动作的态

（3）几种补语（1）

同时本课要学习以下新的句型和词语的用法：

（1）"越来越"

（2）介词"对"

（3）副词"才"

2 掌握本课"回忆往事"、"谈语言学习"等功能，能初步就回顾过去的生活、总结汉语学习等话题进行交际。

3 掌握汉字

（1）会认、会写基本汉字：史、歹、丈、夫；

（2）会写部件：⺊、尸；

（3）会认、会写课文中的汉字：（情）况、（历）史、博（物馆）、举（办）、（展）览、（感兴）趣、饿、死、聊、妻（子）、（小）伙（子）、声调、努（力）、陪。

二、教学步骤建议（略）

三、内容说明

1. 到本课为止，汉语的一些最基本的语法结构已在本教材陆续出现。本课语法复习部分继续总结前五课所出现的四种动词谓语句，本教材已介绍的六种动作的态以及七种补语（还有可能补语尚未介绍）。语法复习仍以操练例句为主，语法知识不需要讲得太多，可提纲挈领，适当归纳一下。

前五课所介绍的重点句型和重点词语在本课课文中基本上都得到重现。在讲练课文时，可对这些重现的句型和词语进行复习。比如"我是到北京以后才开始中国化的"（"是……的"句，"才"）；"刚来的时候你说过……"（过去的经验，"……的时候"）；"力波他们快要来了"（"要……了"，"力波他们"）；"中国的情况又知道得不少"（无标记被动句，"又"）；"历史博物馆正在举办中国文化展"（动作的进行）；"你们这些老外快成'中国通'了"（情况变化）等。本教材已介绍的四种复句"因为……所以……"、"虽然……但是……"、"不但……而且……"、"如果……就……"也都在课文中出现。

本课的新句型和词语项目都不太难掌握。

2. 前五课还出现了一些常用的口语语汇，应该较熟练地掌握，如"怎么了？""你们等着，我马上就来。""怎么说呢？""还好。""好点了吗？""好多了。""咱们说会儿话。""真倒霉！""还差得远呢。""说实在的，""我们在说……，""当然就不用说了。""说真的，……""不见不散"等。

3. 可结合课文内容，回顾、总结一年来的汉语学习，复习已学过的功能项目。

四、《课本》语法与注释

1 "越来越……"

"越来越……"表示事物的程度随时间的进展而变化。例如：

课文越来越有意思了。

他汉语说得越来越流利。

2 介词"对"

介词"对"的宾语常表示动作的对象，"对+NP"常在句子里做状语。例如：

宋华对她说："你怎么了？"

他对我笑笑，就走了。

老师对我们很热情。

他对中国画很感兴趣。

3 副词"才"

副词"才"与"就"相反，常表示事情发生得晚、慢或进行得不顺利。例如：

他六点才来。 （来得晚）

这个故事我听了三遍才听懂。 （听的次数多，不顺利）

我等了半个小时才上公共汽车。 （等的时间长）

"才"也可以表示数量少、时间短。例如：

他一个人翻译了三篇文章，我们两个人才翻译了一篇。 （数量少）

你们在中国才一年。 （时间短）

五、《课本》汉字知识

区分形近字

汉字有不少字形相近的字，学习时一定要从笔画的形状、数目、组合以及部件的位置等方面进行比较，加以区分。例如：

（1）儿——几 石——右 刀——力 入——人

（2）犬——太 王——壬 土——士 夫——天

（3）练——炼 孩——该 第——弟 泰——奏

（4）放——访 明——朋 错——借 请——情

六、教师参考语法知识

根据动作所处的不同阶段，本教材已经介绍过的六种动作的态，基本可以分为已经完成、正在进行或持续、将要发生三类。

1 已经完成

（1）"了"表示动作或事情的完成或实现：

我买了二斤葡萄。

她去上海了。

（2）"了"表示变化或新情况已经出现：

苹果红了。

她是三年级的学生了。

（3）"过"表示已有的经验：

我参观过一次兵马俑。

2 正在进行或持续

（4）"正"、"正在……（呢）"表示动作的进行：

他正在写汉字呢。

（5）"着"表示动作或状态的持续：

她穿着一件新旗袍。

我们骑着自行车回学校。

3 将要发生

（6）"要……了"表示即将发生：

快要考试了。

七、《综合练习册》中部分练习答案和听力文本

听说练习

2

① B ② B ③ D ④ C ⑤ A

听力文本

① 林娜已经来中国多长时间了？

② 林娜刚来中国的时候，喜欢不喜欢吃中餐？

③ 力波为什么早就有点儿中国化了？

④ 大为认为"中国化"很容易，只要——

⑤ 明天谁要陪林娜去看展览？

3

① T ② T ③ F ④ F ⑤ T

听力文本

宋华：林娜，你今天要给我们做什么样的中国菜啊？

林娜：有东北菜，有北京菜，有四川菜，还有广东菜。

宋华：这么多种？从南到北、从东到西的菜都有了，你比我妈妈会的菜还多。

林娜：这还不够，中国菜最有名的就有八种，每一种都有自己的特点，非常有意思。

宋华：我看，你快要成中国菜的大厨师了！

林娜：哪里哪里，大厨师可不敢当，还差得远呢！

宋华：林娜，说实在的，你越来越中国化了。

林娜：可不，我也越来越喜欢在中国的生活了。

宋华：那你想不想变成"中国通"啊？

林娜：怎么说呢？你有什么好办法吗？

宋华：当然有好办法，就像大为那天说的那样，如果想变成"中国通"，就赶快找个中国人结婚吧！

4

① 如果，会　　② 才，的　　③ 对，感　　④ 了，不但，而且还

⑤ 穿，吃，听，西

5

【听力文本】

① 历史博物馆正在举办中国画展。

② 我女朋友对我们班的结业聚会很感兴趣。

③ 那个俄罗斯小伙子长得很帅。

④ 妈妈一直在跟她们聊天儿，没做饭，我快要饿死了。

⑤ 他刚学汉语的时候，声调就比别人好得多，现在是越来越好了。

6

【听力文本】

① 现在学的课文真是越来越有意思了。

② 每天早上到公园里来锻炼的人都很多，星期天就不用说了。

③ 因为宋华常和留学生们在一起，他也被当成了老外。

④ 你那么喜欢欧洲，真应该去看看那个欧洲画展。

⑤ 他找了十年，才找到了自己喜欢的姑娘做妻子。

【读写练习】

7

（1）的　得　的　　（2）练　炼　链　　（3）几　儿　九　　（4）已　己

（5）地　第　弟　弟

9

（1）就　　（2）才　　（3）才　　（4）就　　（5）才

11

（1）T　　（2）F　　（3）F　　（4）T　　（5）F

二十一～二十六课单元测试（笔试）
Unit Test for Lesson 21 to 26
(Written Exam)

班级 Class：_____

姓名 Name：_____

成绩 Score：_____

一 请把你听到的音节（包括声调）填到横线上。（10%）

Please write down the syllables (including the tones) you hear on the lines.

（共16题，1～12题每题0.5分，13～16题每题1分，共计10分）

1._____ 2._____ 3._____ 4._____

5._____ 6._____ 7._____ 8._____

9._____ 10._____ 11._____ 12._____

13._____，_____.

14._____，_____.

15._____，_____.

16._____，_____.

二 请听句子，并填写汉字。（12%）

Listen to the following sentences and fill in the blanks with the characters.

（共12题，每题1分，共计12分）

1. 公园 _____ 邮局的东边，_____ 邮局 _____ 。

2. 他 _____ 一位记者 _____ 英国来 _____ 。

3. 这是她 _____ 看越剧，你先给她介绍 _____ ，好吗？

4. 这课汉字我已经 _____ 了。

5. 我们都要从山下 _____ ，再从山顶 _____ 。

6. _____ ，我忘了告诉你，刚才你哥哥 _____ 一个电话 _____ 。

7. 小白 _____ 是我的同学，_____ 是我的好朋友。

8. _____ ，他的汉语 _____ 提高得真快！

9. 她 _____ 打 _____ 电话 _____ ，现在不能下楼 _____ 。

10. 王平_____车撞伤了，胳膊_____不太疼，_____腿疼极了。

11. 这_____我看了五遍_____看懂。

12. 这是丁力波写_____汉字，他汉字写_____很漂亮。每天他都要写半个小时_____汉字。

三 请写出下列汉字各有多少笔画。（6%）

How many strokes do the following characters have?

（共12题，每题0.5分，共计6分）

1. 后（　　　） 2. 赢（　　　） 3. 座（　　　） 4. 特（　　　）

5. 岛（　　　） 6. 算（　　　） 7. 菜（　　　） 8. 市（　　　）

9. 丢（　　　） 10. 停（　　　） 11. 丈（　　　） 12. 博（　　　）

四 请选择下列汉字的意义。（6%）

Find the meanings represented by the characters in the left column and write the corresponding letters in the parentheses.

（共12题，每题0.5分，共计6分）

汉字 Chinese characters	意义 Meanings
1. 左（　　　）	a. difficult
2. 远（　　　）	b. to climb
3. 梦（　　　）	c. uncle
4. 难（　　　）	d. far
5. 爬（　　　）	e. summer
6. 夏（　　　）	f. bad
7. 舅（　　　）	g. left
8. 变（　　　）	h. dream
9. 躺（　　　）	i. hungry
10. 坏（　　　）	j. to change
11. 饿（　　　）	k. wife
12. 妻（　　　）	l. to lie (on, down)

五　请用所给词语组成句子。（12%）

Write sentences with the words and phrases given.

（共6题，每题2分，共计12分）

1. 那　教练　位　下来　国家队　是　去年　从　的

2. 可是　不一定　虽然　也　试一试　能　应该　赢

3. 他　很多　妈妈　的　龙　给　过　讲　故事

4. 家里　以前　比　多　收入　的　了　好

5. 那　《红楼梦》　部　借　被　没有　走

6. 美国　非常　朋友　这　对　位　热情　画家

六　请选择正确的答案。（8%）

Choose the correct answers.

（共8题，每题1分，共计8分）

1. 听你说的普通话，你是上海人 _____ ？
   A. 吗　　　B. 吧　　　C. 啊　　　D. 呀

2. 客厅 _____ 厨房的左边，房子里没有卫生间。
   A. 和　　　B. 从　　　C. 是　　　D. 在

3. 昨天的报纸 _____ 说，今天的天气会很冷。
   A. 上　　　B. 下　　　C. 里　　　D. 听

4. 你想不想 _____ 看一次电影《家》？
   A. 又　　　B. 不　　　C. 再　　　D. 还

5. _____ 我觉得那个人像老张，大家也都觉得他像。
   A. 因为　　B. 虽然　　C. 可能　　D. 不但

6. 他正在向一个北京人问路 _____ 。
   A. 吧　　　B. 吗　　　C. 呢　　　D. 啊

7. 农民的文化水平 _____ 城里人的低一些。
   A. 和　　　B. 比　　　C. 跟　　　D. 还

8. 小王笑 _____ 说："真是太好了，应该祝贺你！"

A. 了　　　　B. 着　　　　C. 过　　　　D. 得

七　请用所给词语造句。（10%）

Make sentences with the words and phrases given.

（共10题，每题1分，共计10分）

1. 先……再……

2. 有的……有的……

3. 虽然……但是……

4. 要……了

5. 多……啊

6. 不但……而且……

7. 正在……呢

8. 以为

9. 如果……就……

八　判断下列句子的语法是否正确。（14%）

Decide whether the following sentences are grammatically correct or wrong.
Write √ for correct, and × for wrong.

（共14题，每题1分，共计14分）

1. 她是从上海来，不是北京人。　　　　　　　　　　（　　）

2. 那位教练以后来，大学生队的水平就提高了。　　　（　　）

3. 学习语言的时候，要先听老师读，再自己练习。　　（　　）

4. 我去过西安参观兵马俑。　　　　　　　　　　　　（　　）

5. 那部小说看过完没有？　　　　　　　　　　　　　（　　）

6. 长城这么美，我要多拍些照片寄回去家。　　　　　　（　　）

7. 圣诞节晚上妈妈给我打电话的时候，我正在看京剧呢。（　　）

8. 不但他们家盖了小楼，也我们家盖了小楼。　　　　　（　　）

9. 躺看电视对眼睛不太好。　　　　　　　　　　　　　（　　）

10. 照片都被孩子拍坏了。　　　　　　　　　　　　　　（　　）

11. 那套西服明天被人会买走。　　　　　　　　　　　　（　　）

12. 昨天早上我来得很早，六点十分就到了。　　　　　　（　　）

13. 力波的哥哥现在在中国里边工作。　　　　　　　　　（　　）

14. 图书馆后边有我们学院。　　　　　　　　　　　　　（　　）

九　阅读下面的短文，并完成练习。（12%）

Read the following passage and do the exercises.

(第1题共9小题，每题1分；第2题3分，共计12分)

　　去年夏天放假以后，我和爷爷奶奶去加拿大旅行。我爸爸在加拿大当老师，他给我们买 ①＿＿＿＿＿ 了机票。我们是 ②＿＿＿＿＿ 上海坐飞机去加拿大的。到加拿大以后，我们跟爸爸妈妈一起住。爸爸租了一套房子，有90平方米。房子前边是一个小花园，进门 ③＿＿＿＿＿ 边是卫生间，右边是厨房。客厅在厨房的北边，卧室在客厅的西边。卧室的左边是爸爸的书房，④＿＿＿＿＿ 边是客房。那儿的天气很好，虽然是夏天，但不太热。我们常去海边 ⑤＿＿＿＿＿ 泳。

　　吃了晚饭以后，爷爷喜欢出去散步。一天，他跟奶奶出去散步，已经是晚上九点 ⑥＿＿＿＿＿ ，他们还没有回家。爸爸着急了，因为爷爷奶奶都不会说英语，他们迷了路怎么办？就在这时候，他们回 ⑦＿＿＿＿＿ 了。爸爸问他们："你们去哪儿了？我还以为你们迷路了。"爷爷笑了笑，说："我不 ⑧＿＿＿＿＿ 说英语，我怕迷了路不能回家，所以我把我们这条路的名字写 ⑨＿＿＿＿＿ 了。这样我就不怕迷路了。"爷爷从衣服里拿出一张纸给了爸爸。

　　"老爸，这是您写的路名？！'NO EXIT'，这不是路名，是'此路不通'的意思。"

　　"啊？此路不通？！"

生词　New Words

1　迷路　mílù　VO　to get lost

2　怕　pà　V　to be afraid of

1. Fill in the blanks in the passage with the proper characters.

2. Fill in the picture according to the above passage. Try to locate the following places：小花园，卫生间，厨房，客厅，卧室，书房，客房.

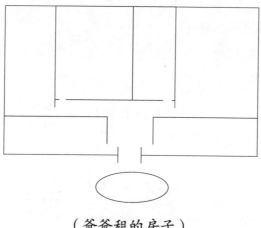

（爸爸租的房子）

十 请写一段短文，谈谈你的汉语学习经历和情况（250字以上）。（10%）

Please write a short paragraph on your Chinese language study (more than 250 characters).

（计10分）

二十一～二十六课单元测试（笔试）
（教师参考答案）

一

1. tígāo   2. shūdiàn   3. gùshi   4. fēnggé

5. jiànyì   6. jiāyóu   7. guǎnlǐ   8. dìtú

9. xiǎotōu   10. rúguǒ   11. jǔbàn   12. rèqíng

13. Kuài yào fàngjià le, jīpiào yě mǎihǎo le.

14. Búdàn tā bú rènshi wǒ le, érqiě wǒ yě kěnéng bú rènshi tā le.

15. Rúguǒ wǒ bèi qìchē zhuàng le, jiù zāogāo le.

16. Shuō shízài de, wǒ yuè lái yuè xǐhuan Zhōngguó wénhuà le.

二

1. 在，离，不太远   7. 不但，而且

2. 是跟，一起从，的   8. 可不，水平

3. 第一次，一下   9. 正，着，呢，来

4. 写过两遍   10. 被，虽然，但是

5. 爬上去，走下来   11. 篇文章，才

6. 对了，打过，来   12. 的，得，的

三

1.（6）   2.（17）   3.（10）   4.（10）   5.（7）   6.（14）

7.（11）   8.（5）   9.（6）   10.（11）   11.（3）   12.（12）

四

1.（g）   2.（d）   3.（h）   4.（a）   5.（b）   6.（e）

7.（c）   8.（j）   9.（1）   10.（f）   11.（i）   12.（k）

五

1. 那位教练是去年从国家队下来的。

2. 虽然不一定能赢，可是也应该试一试。

3. 妈妈给他讲过很多龙的故事。

4. 家里的收入比以前好多了。

5. 那部《红楼梦》没有被借走。

6. 这位美国画家对朋友非常热情。

六

   1. B   2. D   3. A   4. C   5. D   6. C

   7. B   8. B

八

   1. ×   2. ×   3. √   4. ×   5. ×   6. ×

   7. √   8. ×   9. ×   10. ×   11. ×   12. √

   13. ×   14. ×

九

   1. ①好   ②从   ③左   ④右   ⑤游   ⑥了

     ⑦来   ⑧会   ⑨下来

   2.

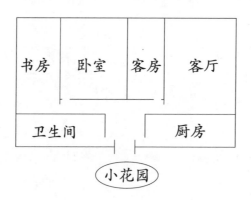

二十一～二十六课单元测试（口试）
Unit Test for Lesson 21 to 26
(Oral Exam)

注：此单元测试也可在学生之间互测。

一 **请回答下列问题。（60%）**

Please answer the following questions.

（共12题，每题5分，共计60分）

说明：教师在以下内容中选取12个问题向学生提问（口语测试应每个学生依次进行，并对测试情况进行录音，以便整理和分析），根据学生口头回答的语言表现给出综合评定，包括语音表现、词汇和语法的准确性。具体比例如下：语音表现30%，词汇的准确性30%，语法的准确性40%。

问题 Questions

1. 学校的图书馆/办公楼/宿舍/商店/邮局/银行在哪儿？

2. 你住学校的宿舍吗？宿舍里是什么样的？

3. 每天你是怎么来上课的？从宿舍到你上课的楼怎么走？

4. 如果你要在学校旁边租房子，你想租什么样的房子？

5. 你喜欢读什么样的书？你读过《红楼梦》吗？

6. 你还读过什么别的中文小说？

7. 你喜欢看什么样的电影？你看过什么中文电影？

8. 你觉得学习中文的学生找工作容易吗？

9. 你以后想找一个什么样的工作？为什么？

10. 在你们国家，什么人的收入和生活水平比较高？为什么？

11. 你是什么时候开始用电脑的？

12. 你能在电脑上用中文打字吗？是跟谁学的？

13. 如果你生病了，会去什么地方看病？

14. 你住过院吗？住院的医药费贵不贵？在你们国家，人们每天都可以去医院看病人吗？

15. 你会不会开车？如果会，是在什么地方学的？

16. 你丢过东西吗？如果丢过，说说你丢过什么，是怎么丢的。

17. 你每天吃什么样的菜？你喜欢吃中餐吗？你吃过什么中国菜？

18. 你是不是打算再学一年中文？为什么？

二 成段表达。（40%）
Oral expression.

（计40分）

说明：学生在以下内容中抽取两个题目，从中选取一个题目准备5至10分钟后进行口头成段表达，教师根据学生口头的语言表现给出综合评定，包括语音表现、词汇和语法的准确性、内容的充实性。具体比例如下：语音表现25%，词汇的准确性25%，语法的准确性30%，内容的充实性20%。

主题　Topics

1. 说说你过去的一次经历。

Please describe one of your past experiences.

2. 说说你的一次租房经历。

Please describe one of your experiences of renting an apartment.

3. 说说你的一次求职经历。

Please describe one of your experiences of job-hunting.

4. 说说你的一次倒霉的经历。

Please describe one of your experiences of bad luck.

5. 说说你学习汉语的经历和情况。

Please introduce your Chinese language study.

6. 说说你的假期计划。

Please introduce your holiday plan.

中国文化百题
A Kaleidoscope of Chinese Culture

纵横古今，中华文明历历在目　享誉中外，东方魅力层层绽放
Unfold the splendid and fascinating Chinese civilization

了解中国的窗口
A window to China

- 大量翔实的高清影视资料，展现中国文化的魅力。既是全面了解中国文化的影视精品，又是汉语教学的文化视听精品教材。

- 涵盖了中国最典型的200个文化点，包括中国的名胜古迹、中国各地、中国的地下宝藏、中国的名山大川、中国的民族、中国的美食、中国的节日、中国的传统美德、中国人的生活、儒家、佛教与道教、中国的风俗、中国的历史、中医中药、中国的文明与艺术、中国的著作、中国的人物、中国的故事等18个方面。

- 简洁易懂的语言，展示了每个文化点的精髓。

- 共四辑，每辑50个文化点，每个文化点3分钟。中外文解说和字幕，可灵活搭配选择。已出版英语、德语、韩语、日语、俄语五个注释文种，其他文种将陆续出版。

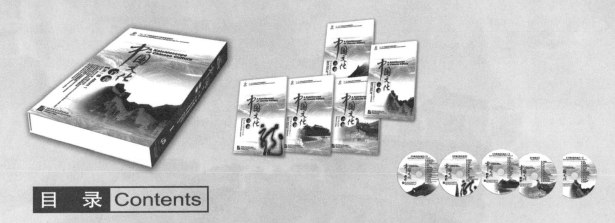

目　录　Contents

每辑：5张DVD + 5册图书 + 精美书签50枚
定价：￥980.00／辑
Each album: 5 DVDs + 5 books + 50 beautiful bookmarks
Price: ￥980.00/album